운, 준비하는 미래

준비하는 미래

이서윤 지음

상위 1%의 멘토가 밝히는 운의 기술

이다미디어

그래도 가장 좋은 것은
앞날에 남았으리!

우리에게 《마지막 강의》로 잘 알려진 랜디 포시 교수. 그가 췌장암으로 6개월 시한부 삶을 선고받은 때가 47세였습니다. 그는 남은 시간을 가족과 보내려고 자신이 재직하던 카네기멜론 대학의 교수직을 관두었습니다. 그런 그에게 학교 측에서 '마지막 강의'를 해달라고 요청했지요. 아내와의 갈등 등 숱한 망설임 끝에 강의를 하기로 결심했습니다. 자신과 아내, 그리고 세 아이의 미래를 바꿀 수 있다고 생각했기 때문이었습니다.

"당신이 올바르게 삶을 살아간다면, 그 카르마는 저절로 따라옵니다. 그리고 꿈도 당신에게 올 거고요. 당신이 제대로 살아간다면, 그 꿈은 반드시 이루어질 겁니다."

Because if you lead your life in the right way, the karma will take care of itself. The dreams will come to you. If you live properly, the dreams will come to you.

"우리 삶에 장벽이 있어야 하는 이유가 있습니다. 우리를 가로막으려는 게 아니라, 우리가 얼마나 절실하게 원하는지를 깨닫게 해주려는 것입니다."

The brick walls that are in our way are there for a reason. They're not there to keep us out. They're there to give us a way to show how much we want it.

죽음을 앞둔 포시 교수가 마지막 강의를 통해 하고 싶었던 것은 삶과 꿈에 대한 이야기였습니다. 피츠버그 캠퍼스의 강의실에 모인 400여 명의 제자들과 동료 교수들에게 자신이 살아오는 동안 꿈을 꾸고, 또 꿈을 이룬 이야기를 들려주었습니다. 그의 마지막 강의는 '오프라 윈프리 쇼'을 비롯해 여러 방송에 소개되면서 전 세계 사람들에게 스스로 꿈을 꾸게 하고, 또 그 꿈을 이룰 수 있는 희망과 용기를 주었습니다.

운명학에서 가르치는 삶의 공식

제가 2년 전《오래된 비밀》을 펴낸 것도 독자들에게 행운을 누릴 수 있는 꿈과 희망을 드리겠다는 결심 때문이었습니다. 운명학에서 가르치는 행운의 원리와 기술을 이제 많은 사람들과 나눌 수 있다는 믿음과 자신감으로 집필을 시작했던 것이지요. 독자들은 제 책을 통해 힐링의 경험과 삶의 희망을 가지게 되었다는 얘기를 전해주었습니다. 이 같은 독자들의 분에 넘치는 사랑과 응원이 이번에《운, 준비하는 미래》의 출간으로 이어지게 된 것이지요.

제가 만나는 사람은 크게 두 그룹으로 나눌 수 있답니다. 한 그룹은 운의 원리를 알고 자신이 타고난 행운을 최대한 누리려는 사람들이고, 한 그룹은 운의 원리를 모른 채 인생의 질곡에서 힘겹게 살아가는 사람들입니다. 바로 운의 원리를 아느냐 모르느냐에 따라 두 그룹으로 나누어지는 것이지요. 운명학의 가르침은 분명합니다. 모든 사람들이 행복한 삶을 살 수 있도록 충분한 행운을 타고났다는 것입니다. 자신이 타고난 행운을 누릴 수 있는 운의 원리도 수학 공식처럼 논리적입니다. 수학 공식을 모른 채 수학 문제를 풀 수 없듯이, 운의 원리를 모르고 삶의 문제를 해결할 수는 없겠지요.

운명학은 만물의 이치를 밝히고 우리에게 삶의 공식을 가르쳐주는 과학의 세계입니다. 우주를 움직이는 질서와 규칙이 한 치의 오차도 허용하지 않듯이, 그 안에서 작동하는 인간의 삶도 일관된 흐름과 규칙에 따르게 마련입니다. 이 책은 운명학에서 가르치는 삶의 공식을 가지고 삶의 문제를 풀어가는 데 초점을 맞추고 있습니다.

이 책은 당신이 언제 어떤 씨앗을 뿌려야 행운의 열매를 수확할 수 있는지에 대한 행운의 원리를 공부할 수 있도록 도와줍니다. 그리고 지금까지 살아온 삶을 돌아보고 미래에 행복하게 살수 있는 행운의 기술을 가르칩니다. 이러한 과정을 거치면서 진정한 자아를 만나고, 또 내 안에 있는 잠재력을 실현하는 힘을 기를 수 있답니다. 그리고 동굴 속에 버려진 채 잠들어 있는 행운을 깨우고, 좋은 인연을 만나는 습관을 키우는 데 도움을 받을 수도 있지요.

영국의 심리학자인 리처드 와이즈먼 교수는 하트퍼드셔 대학교에서 '행운 훈련 교실'을 운영했습니다. 학생들을 모집해 운이 따르는 사람들의 공통점을 상세한 행동 강령으로 만들어 가르치고 실천하게 했습니다. 과연 행운에 대해 공부한 사람들의 운이 좋아졌을까요?

교육생 가운데 80% 이상이 자신이 불운하다는 생각을 버리고 행운아라는 생각을 가지게 되었습니다. 일부는 새로운 연인을 만나거나 직장을 찾는 등 생활에 큰 변화가 일어났습니다. 원래 본인이 행운아라고 생각했던 사람들은 자신감을 더욱 강화하면서 행복지수도 높아졌습니다.

행운만 타고난 사람도 없고, 불운만 타고난 사람도 없습니다. 살아가는 동안 행운도 만나고 불운도 만날 뿐입니다. 다만 행운과 불운을 만났을 때 대하는 삶의 태도에 따라 우리의 운명이 엇갈리게 된다는 사실은 기억해야 합니다. 인생이란 내 안의 여러 가지 나를 알아가는 여행입니다. 우리가 살아가는 동안 겪게 되는 사건이나 만나는 사람들을 통해 새로운 내 안의 나를 만나게 된답니다. 이때 만나는 나를 이해하고 인정하고 사랑하는 것이 더 큰 행운을 마주하게 하는 삶의 태도입니다.

사람들은 운이 변하기 시작할 때 저를 만나게 됩니다. 이 책과 마주하고 있는 당신은 이미 운의 변곡점에 있습니다. 미래에는 행운이 당신을 기다리고 있겠지요. 그런 당신에게 영국의 시인 로버트 브라우닝의 시 구절을 선사하고 싶습니다.

그래도 가장 좋은 것은 앞날에 남았으리.
우리의 출발은 그것을 위해 있었으리.
The best is yet to be,
The last of life, for which the first was made.

2015년 여름
이정일

차례

3장 | 가족운을 말한다

4장 | 인연법을 말한다

5장 | 악연을 말한다

1장
운명을
말한다

'명'은 정해진 것이고, '운'은 변하는 것이다

　나를 아는 자는 남을 원망하지 않고, 명을 아는 자는 하늘을 원망하지 않는다(知自者不怨人 知命者下怨天). 《순자》의 영욕편에 나오는 말입니다.

　우리는 일상생활에서 '운명'이라는 단어를 스스럼없이 사용합니다. 운명이라는 말은 불특정적이고, 불규칙하고, 애매모호한 상황에서 전가의 보도처럼 무소불위의 힘을 발휘합니다. 모든 게 운명으로 통하고, 말 그대로 '닥치고 운명!'입니다. 기독교, 불교, 유교 등 종교를 가리지 않을 뿐만 아니라 무신론자조차도 운명에 대해서는 할 말이 많습니다. 뜻을 몰라도, 무슨 말을 해도 상관이 없습니다.

사실 운명이라는 말은 '인간은 누구인가?'라는 말만큼이나 난해합니다. 누가, 어떤 상황에서, 어떤 뜻으로 사용하는가에 따라 그 의미가 천차만별이니까요. 그래서 사전적인 뜻풀이에 매달리기보다는 인간의 삶에 초점을 맞추어 운명학적으로 접근해보려 합니다.

운명학은 선천적으로 타고난 사주(명)가 후천적으로 만나는 때(운)와 어떤 조화를 이루며, 그로 인해 인간의 길흉화복이 어떻게 전개되는가를 예측하는 학문입니다. 그래서 명命과 운運은 불가분의 관계이기 때문에 둘을 합쳐 '운명運命'이라고 하지요. 여기서 명은 인간의 수명처럼 '주어지고 정해진 것'이라는 뜻이고, 운은 우리의 삶처럼 '변하고 움직이는 것'으로 해석할 수 있습니다.

포르투나가 인간의 운명을 결정한다

서양에서도 운명을 뜻하는 단어들이 많은 걸로 보아 우리와 사정이 별반 다르지 않은 듯합니다. 여기에서 단어 하나하나의 뜻을 우리말로 정확하게 옮긴다는 것은 무의미한 일이겠지요. 《군주론》을 쓴 마키아벨리는 종교를 초월해 세속적인 인간의 삶에 초점을 맞추어 운명을 해석했습니다. 그는 이탈리아의 통일을 이끌 군주의 인물론과 역할론을 설파한 《군주론》이라는 책에서, 군주는 운명을 극복하고 지배해야 한다고 강조합니다.

이 책에서 마키아벨리는 포르투나Fortuna와 비르투Virtu라는 두 가지 개념을 설명합니다. 행운과 돈의 어원인 포르투나는 고대 로마의 행운의 여신이고, 또 서양 점성학에서도 행운과 재물운을 상징한답니다. 이것이 《군주론》에서는 운명의 여신이라는 개념으로 사용됩니다. 그리고 비르투는 원래 미덕, 덕목(virtu의 어원이 라틴어 virtus)이란 뜻이지만 남성다운 덕목, 즉 용맹과 자유의지, 개인 역량 등의 개념으로 사용되지요.

이제 사주명리학의 명과 운을 마키아벨리의 포르투나와 비르투에 비유해 우리의 삶에 대입해보려 합니다. 각자의 뜻이 서로 100% 완벽하게 일치하지는 않지만 인간의 운명을 설명하기에는 부족함이 없을 것 같습니다. 그렇더라도 군주는 법과 도덕을 초월한다는 마키아벨리의 주장을 감안하고 포르투나와 비르투의 개념을 받아들일 필요가 있습니다. 운명이라는 단어의 뜻풀이보다는 동서양이 각각 인간의 삶을 어떻게 받아들이고 해석하는지에 대한 이해가 우선이니까요.

포르투나는 두 눈이 가려진 채 '행운의 수레바퀴Wheels of Fortune'을 돌리는 운명의 여신입니다. 일명 '운명의 수레바퀴'라고 말하기도 하지만 실제로는 배의 항로를 조종하는 키의 모양입니다. 포르투나가 키를 돌리면서 인간에게 인생의 항로, 즉 삶의 방향을 정해주는 역할을 한답니다. 운명의 여신은 각 개인에게 주어진 운명의 키를 돌리기는 하지만 앞을 볼 수 없기 때문에 그가 누구인지, 또 앞으로 어떤 일이 일어날 것인지 알 수가 없습니다. 그저 인간의 운명을 결정하는 일만 무심하게 할 뿐입니다.

비르투는 원래 고대 로마 사회에서 사용하던 군대 용어입니다. 그리고 군인이 갖추어야 할 미덕으로는 남성다움, 강한 전투력, 사자의 용맹 등을 꼽았습니다. 심지어 마키아벨리는 《군주론》에서 비유적으로 "포르투나는 결국 여자일 뿐이다. 여자는 강한 남자에게 복종한다"라고 말하기도 했습니다. 지도자는 강인한 의지와 뛰어난 역량을 가지고 자신의 운명을 극복하고 지배해나가야 한다는 의미입니다.

그런 그도 포르투나의 힘을 절대 무시해서는 안 된다고 경고하는 것을 잊지 않았습니다. 마키아벨리가 비르투를 정치 지도자의 덕목으로 내세우긴 했습니다만, 현대적인 해석으로는 타고난 운명을 활용하는 개인의 능력과 삶의 지혜로 받아들이면 좋겠습니다.

운명은 선악에 의해 결정되지 않는다

사주명리학의 운명이 선악에 의해 결정되지 않듯이, 서양의 포르투나도 선악을 기준으로 한 사람의 운명을 결정하지는 않습니다. 그래서 나쁜 짓만 골라 하는 사람이 수레 위에 올라탄 채 편안한 세상살이를 하면서 돈벼락을 맞는가 하면, 착하디착한 사람이 운명의 수레바퀴에 치여 고통스럽고 불행한 삶을 살아가기도 합니다.

신은 신의 일을 하고, 인간은 인간의 일을 할 뿐입니다. 포르투나가 삶의 방향을 정해주면 인간은 그곳을 향해 배를 저어야 합니다. 우리가 바람의 방향을 바꿀 수는 없지만, 돛을 움직일 수는 있지요. 바람의 방향에 맞춰 돛을 움직이고, 또 열심히 노를 젓다 보면 당신이 원하는 곳에 데려다줄 것입니다. 포르투나와 비르투, 그리고 명과 운의 조화를 통해 인간은 자신의 삶을 꾸려가는 것이랍니다.

포르투나와 비르투, 카롤루스 보빌루스, 1510년 〈지혜에 대하여〉에 삽입된 목판화

눈을 가린 채 회전하는 운명의 키를 들고 앉아 있는 것이 포르투나이고, 성찰의 거울을 들고 앉아 있는 것이 비르투입니다. 오른쪽 위에 있는 글귀는 '비르투를 믿어라. 포르투나는 파도보다 더 순식간에 사라진다'라는 뜻이지요.

앞을 볼 수 없는 운명의 여신은 각 개인에게 주어진 운명의 키를 돌리기는 하지만 그가 누구인지, 또 어떤 운명인지 알 수가 없습니다. 그저 인간의 운명을 결정하는 일만 무심하게 할 뿐입니다.

당신은 타고난 명과 포르투나를 변화시킬 수 있는 운과 비르투의 힘을 믿어야 합니다. 이것이야말로 당신에게 주어진 행운을 최대치로 끌어올리는 힘이니까요.

운의 원리 - 바람의 방향은 바꿀 수 없다.

동양의 명리학은 사주에 근거하여 사람의 길흉화복을 내다보는 점술입니다. 사주는 사람을 하나의 집으로 비유하고, 그 사람이 태어난 연월일시를 집을 받치는 네 개의 기둥, 즉 네 간지라고 합니다. 각각의 간지가 두 글자로 되어 있어 모두 여덟 글자를 이루기 때문에 '팔자'라고 하기도 하지요. 그래서 사람의 운명을 사주팔자라고 부르기도 한답니다.

음양오행설에 근거한 주역의 64괘에도 천지만물의 존재와 변화의 원리가 투영되어 있습니다. 태극에서 음양이 비롯되고, 음양이 8괘의 기본이 되고, 8괘가 발전해 64괘를 만들어내지요.

만물의 생성과 변화의 원리인 64괘를 통해 인간의 복잡한 세상사를 내다보고 또 들여다보는 것이지요. 인간이야말로 자연의 법칙을 피해 갈 수 없는 존재이니까요.

주역의 세계와 인간의 무의식을 연결하다

그런데 동양의 주역을 논할 때 빠짐없이 등장하는 학자가 바로 스위스가 낳은 세계적인 분석심리학자 칼 융입니다. 인간의 무의식과 주역을 연관해서 연구하면서 인간의 성격을 8가지로 나눈 것도 주역의 8괘에서 영향을 받았다고 합니다. "무의식이 정하는 삶의 방향이 운명이다"라고 말할 만큼 그는 무의식에서 비롯되는 인간의 마음과 성격이 인간의 운명을 결정한다고 보았던 것이지요. 심리학자다운 표현이기는 하지만 이 말만큼 인간의 운명을 규정하는 표현도 달리 없는 듯합니다.

칼 융은 주역을 연구하면서, 점을 쳐 괘를 얻는 과정에서 나오는 높은 적중률에 놀라움을 금치 못했습니다. 그 현상을 과학적으로 설명하고자 하는 과정에서 발견하게 된 개념이 바로 '동시성의 원리'입니다. 여기서 동시성의 원리란 서로 연관이 없어 보이는 사건이나 사물이 시간적, 공간적 또는 개념적으로 일치된 형태를 보이는 것을 뜻합니다. 다른 말로는 '비인과적인 연관' 또는 '의미 깊은 우연의 일치'라는 표현을 사용하기도 하지요.

칼 융은 자신의 임상 경험을 동시성의 원리를 증명하는 사례로 언급하기도 합니다. 그가 심리 치료를 위해 상담한 한 여자 환자는 이성과 합리성으로 똘똘 뭉쳐 상담을 진행하기가 보통 까다로운 게 아니었습니다.

어느 날 상담 도중에 그녀는 자신이 꾼 풍뎅이 꿈의 이야기를 들려주었습니다. 풍뎅이는 이집트 신화에서 심리적 재탄생을 상징한다고 하네요. 융은 직감적으로 그녀에게 심리적 재탄생의 시기가 왔음을 직감했습니다. 마침 그때 유리창에 풍뎅이 한 마리가 날아와 부딪쳤고, 그 풍뎅이는 꿈속의 풍뎅이와 완벽하게 일치했습니다. 융은 창문을 열어 풍뎅이를 방 안으로 들어오게 했고, 그것을 보고 깜짝 놀란 그녀는 융에 대한 불신의 마음을 거두었지요. 그 후 그녀의 심리 치료는 급속도로 진행되면서 좋은 결과를 거두었다고 합니다.

융은 이러한 '의미 있는 우연의 일치'가 주로 사람들이 심리적으로나 현실적으로 어떤 변화를 맞이하는 시기에 일어난다는 사실에 주목했습니다. 주위 사람의 죽음, 오랜 친구와의 만남, 사업적 성공과 실패 등 일신상의 변화가 단순한 우연이 아니라 개인의 의식 및 무의식과 연관된 결과라고 설명합니다. 바로 동시성의 원리라는 것이지요.

존 브리그스와《혼돈의 과학》을 저술한 영국의 물리학자 데이비드 피트는 융이 제시한 동시성의 원리야말로 우주의 감추어진 질서를 밝히는 중대한 증거라고 말합니다. 또 물리학자인 데이비드 봄은 감추어진 자연과 우주의 질서 속에서는 마음과 물질 사이의 분리가 존재하지 않으며, 우리의 현실 또한 깊은 연결성으로 가득 차 있다고 이야기합니다.

우주의 물리적 세계와 인간 내면의 심리적 세계

동시성의 원리에 근거해 나타나는 현상은 대개 3가지로 분류됩니다.

첫째, 마음 및 의식이 외부의 사건과 동시에 일치하는 경우입니다. 위에서 언급한 풍뎅이 사건이 좋은 예라고 할 수 있겠네요.

둘째, 마음 및 의식이 자신과 직접 관련이 없는 외부의 사건과 동시에 일치하는 경우입니다. 융은 자신을 비롯한 많은 사람의 경험과 문헌에 기록된 사건을 사례로 들고 있습니다.

셋째, 마음 및 의식이 앞으로 일어날 사건과 일치하는 경우입니다. 융은 한 등산가의 이야기를 예로 듭니다. 한 등산가가 산의 정상에서 허공으로 발을 헛딛는 꿈을 얘기하자 직감적으로 위험을 감지했지만, 그는 융의 만류를 뿌리치고 등산을 갔다가 변을 당하고 맙니다. 자신의 앞날이 꿈으로 전달될 수 있다는 엄연한 사실을 믿지 않았기 때문입니다.

'하늘에서 그러하듯, 땅에서도 이루어지리라.(As above, so below)'

사람이 태어나는 순간 하늘에서 벌어진 일과 동일한 사건이 그 사람의 평생을 통해 드라마처럼 구현됩니다. 우주의 천문학적 현상과 인간의 세상사가 동시성의 원리를 따르는 긴밀한 관계이기 때문이지요. 동양에서는 음양과 오행이, 서양에서는 별의 에너지와 변화가 인간의 만사에 영향을 미친다는 원리는 놀랍게도 똑같습니다. 자연을 움직이는 에너지의 실체와 규칙이 있고, 인간이라는 존재와 삶도 그 영향 아래에 있다는 원리입니다.

칼 융은 이런 말을 했습니다.

"인간의 생애는 무의식적인 자기실현의 역사이다. 무의식에 있는
모든 것은 삶의 사건이 되고 밖의 현상으로 나타난다."

앞서 말했듯 칼 융은 "무의식이 정하는 삶의 방향이 운명이
다"라는 표현으로 우리 안에 운명이 있음을 강조합니다. 여기서
운명이라는 말은 인간이 갖고 있는 무의식적인 사고 패턴을 의
미한다고 해석할 수 있겠지요. 내가 하는 말, 내가 하는 생각, 내
가 하는 행동이 100% 내게로 돌아온다는 원리입니다. 즉, 우리
의 삶은 의식적이건 무의식적이건 자신이 원하는 대로 살게 되
고, 꿈꾸는 대로 이루어집니다.

그런데 우리가 동시성의 원리를 깨닫지 못하는 이유는 무엇일
까요? 바로 우리의 의식과 무의식이 일치하지 않고, 우주의 에
너지와 우리의 에너지가 단절된 상태이기 때문입니다. 우리 스
스로 무의식과 우주의 무한한 에너지를 활용할 수 있는 가능성
을 차단하는 것이지요. 이제 당신 스스로 그 단절의 벽을 허물어
야 합니다.

아를의 별이 빛나는 밤, 빈센트 반 고흐, 1888년, 오르세 미술관

가장 아름다운 그림은 결코 그리지 않은 그림인지도 모른다고 했던 고흐는 아를의 별이 가장 아름답다는 9월에 이 그림을 그렸습니다. 그는 모자에 촛불을 세워 꽂고, 어둠 속에서 수면에 긴 별빛이 일렁이는 아름다운 그림을 남겼습니다.
당신이 태어날 때 하늘에 떠 있었던 별들은 평생 당신의 운명을 나타내는 지표가 되어줍니다.
하늘에서 일어난 일들은 땅에서도 이루어지는 법이랍니다.

데이비드 피트의 말입니다.

　"동시성의 원리에 따르면 우주의 물리적 세계와 우리 내면의 심리적 세계는 밀접하게 연결되어 있다는 것이다. 그리고 우리가 동시성을 체험한다는 것은 마음과 물질의 근원이 연결된다는 것. 다시 말하면 창조성 그 자체에 도달하는 것이다."

운의 원리 - 우주의 질서와 인간의 세상사는 동시성의 원리에 따른다.

30년 주기로
운이 바뀐다

동서양을 가릴 것 없이 한 세대를 30년으로 보는 것이 일반적
입니다. 서양에서는 토성의 공전주기인 29.45년에서 유래했다
고 하네요. 이것이 서양 점성술에서 말하는 '토성리턴'으로, 토성
이 태양을 한 바퀴 공전하여 제자리에 돌아오는 것을 의미합니
다. 태어날 때의 천궁도에서 출발하여 토성이 제자리에 돌아오
는 1주기를 맞이하는 때가 바로 28.5~30세입니다.

점성술에서 토성은 어린 시절의 꿈과 환상에서 깨어나 현실
에 대한 자각과 자신의 행동에 대한 책임을 요구하는 엄격한 행
성입니다. 그래서 토성리턴은 곧 독립된 운명체로서 부모의 품

을 벗어나 진정한 어른으로 다시 태어나야 하는 시기임을 의미합니다.

이 시기가 운명학적으로 왜 중요한 시기인지를 좀 더 자세히 살펴볼까요?

공자는 《명심보감》 천명편^{天命編}에서 "순천자^{順天者}는 존^存하고 역천자^{逆天者}는 망^亡한다"라고 하였습니다. 그러나 내게 주어진 천명을 깨닫기란 어찌나 어려운 일인지요. 바로 여기에 토성리턴의 가치가 있습니다. 이 시기에 우리는 내가 어떤 길을 가야 제대로 나의 행운을 불러오며 살 수 있는지 깨달음을 얻을 수 있습니다. 그동안 꽁꽁 감춰두었던 내 안의 가능성이 기적처럼 깨어날 수 있는 순간이지요.

이를 불교 선종의 공안 가운데 하나인 줄탁동시^{啐啄同時}로 해석해보려 합니다. 병아리가 알 안에서 부리로 알껍데기를 쪼아 깨는 것을 줄이라 하고, 어미 닭이 밖에서 부리로 껍데기를 쪼는 것을 탁이라 하는데, 둘이 동시에 행해지기에 줄탁동시라 합니다. 병아리를 단단히 감싸고 있는 알껍데기를 깨고 새 생명이 탄생하기 위해서는 병아리가 안에서 쪼고 동시에 어미 닭이 밖에서 쪼아야 한다는 것입니다. 내부의 에너지와 외부의 에너지가 동일한 시기에 적절한 조응을 하면서 새로운 생명을 창조해내는 것이지요.

토성리턴은 나를 둘러싼 대우주가 지금까지 나를 가둬두고 있었던 껍질을 깨는 시기를 말합니다. 어미 닭이 부리로 알을 깨뜨리는 것과 같지요. 따라서 병아리가 동시에 알을 쪼듯 내 안의 소우주가 이에 조응할 수 있다면 당신은 알을 깨고 나와 새롭게 태어날 수 있습니다.

역사적인 인물들이 그 사례를 잘 보여줍니다. 앤드류 카네기는 30세에 그때까지 근무했던 펜실베이니아 철도회사를 떠나서 기관차를 제작하는 회사를 세웠습니다. 철강왕의 탄생인 셈이지요. 토머스 에디슨 역시 29세에 멘로 파크에 연구소를 지으며 본격적으로 발명왕의 삶을 내디뎠습니다. 그는 그해에 탄소송화기를 발명함으로써 전화기의 실용화에 성공하기도 했답니다.

내가 누구인지를 성찰한다

자, 그렇다면 우리가 이 시기에 구체적으로 어떤 노력을 해야 운명이 보내는 선물을 제대로 받아들일 수 있을까요? 다음의 지침들은 토성리턴의 시기에 있는 사람들은 물론, 그 시기를 지난 사람에게도 도움이 됩니다. 첫 번째 토성리턴의 교훈은 두 번째 토성리턴의 시기인 58~60세까지 계속해서 유효하기 때문이지요. 28세 하반기~30세 상반기의 시기를 떠올리시면 됩니다. 만약 두 번의 토성리턴을 지나오셨다면, 두 번째 토성리턴의 시기를 회상해주세요.

첫째, 토성리턴 이전까지의 삶을 돌아보고 자신의 심리 패턴과 행동 패턴을 찾아내세요.

단순한 과거의 회상이 아니라 내 삶의 궤적을 추적하면서 내가 누구인지를 성찰한다는 의미입니다. 자신의 과거를 돌아보는 성찰은 바로 현재를 읽고, 미래를 내다보는 힘입니다. 어린아이에서 어른이 되어가는 과정에서 크고 작은 상처가 없는 영혼이 어디 있겠습니까? 나름대로 삶의 우여곡절을 잘 넘기고 지금 이 자리에 서 있을 것입니다.

그리고 지금까지 살아온 자신의 삶에 일관된 패턴이 있다는 사실도 알아냈을 것입니다. 30세까지의 삶은 마치 종착역을 향해 철길 위를 달리는 기차와 같지요. 자신의 진로에서 벗어났다 싶으면 돌아오고, 또 잘못된 길로 갔을 때는 되돌아오기를 반복했을 테니까요. 바로 운명의 자기복원력이라고 할 수 있습니다.

이 과정에서 당신에게 큰 영향을 준 사건들은 언제 어떻게 일어났는지, 그 사건에 연관된 인물은 누구였는지, 어디에서 일어났는지 등을 육하원칙에 따라 먼저 정리해보세요. 그다음에 내가 감정적으로 어떻게 반응하고 행동했는지에 초점을 맞추어보세요. 남성성이 강한 사람은 심리 패턴을 찾아내는 데 조금 더 어려움을 겪고, 여성성이 강한 사람은 행동 패턴을 찾아내는 데 더 힘들다고 느낄 수 있습니다.

이 패턴을 찾아내면 향후 비슷한 사건이 다시 일어난다 해도 습관적으로 반응하지 않을 수 있습니다. 이것이야말로 진정으로 내 운명의 주인공이 되는 시발점이지요.

둘째, 이 시기에 닥치는 시련들을 거부하지 말고 겪어내세요.

토성의 별명은 '엄격한 스승'입니다. 당근보다는 채찍으로 당신을 일깨웁니다. 그래서 토성리턴의 시기에는 직업적으로 시련을 겪거나, 질병에 걸리거나, 가족 구성원에게 문제가 발생하는 등 몸과 마음을 힘들게 하는 사건들이 펼쳐질 수 있습니다.

빌 클린턴은 28세에 연방 하원의원에 도전했다가 낙선의 쓴맛을 보아야 했습니다. 정주영은 29세에 강제합병을 당해 사업을 접어야만 했지요. 그러나 이 모든 것은 알을 깨기 위한 아픔

이요, 훌쩍 크기 위한 성장통일 뿐입니다. 이 시련을 긍정적으로 보고 기회로 만든다면 당신을 놀라게 할 기적이 일어날 수도 있답니다. 만성 간염으로 시한부 선고를 받았던 손정의가 자신의 토성리턴이 끝난 직후 완치 판정을 받고 회사로 복귀했던 것처럼 말입니다.

셋째, 새롭게 내면에서 떠오르는 비전을 실행해보세요.

토성리턴 시기는 현실에 맞도록 자신의 꿈과 기대치를 수정하는 시기이기도 합니다. 따라서 이전의 자신과 다른 모습으로 변화하고자 하는 욕구가 생기는 것이 일반적입니다.

함부르크에서 태어난 브람스는 29세에 빈으로 이주하여 평생을 그곳에서 보냈습니다. 석가모니가 왕자의 지위를 버리고 출가한 것 역시 29세였지요. 좁은 알에 갇힌 병아리와 알을 깨고 마침내 넓은 세상으로 나온 병아리의 꿈이 같을 리 없습니다. 이 시기에 변화하는 자신의 미래상과 기대치를 받아들이고 행동으로 옮겨보세요.

우리의 인생이 천명을 크게 벗어나는 경우는 드물지만 30세 전후는 사정이 다르다고 보아야 합니다. 결정적 순간에 어떤 선

어디서 왔는가?, 우리는 누구인가?, 우리는 어디로 갈 것인가?,
폴 고갱, 1897년, 보스턴 미술관

서양화는 보통 왼쪽에서 오른쪽으로 그림을 감상하는데, 이 그림은 오른쪽에서 왼쪽으로 감상하는 게 특징이지요. 특히 고갱은 죽기 얼마 전, 이 그림을 다시 왼쪽에서 오른쪽으로 보면서 인생을 생각해보라고 했다는군요.

이 작품은 제목처럼 인간의 탄생, 삶 그리고 죽음의 3단계를 표현한 작품입니다. 이 같은 생명의 순환주기를 비껴나갈 수 있는 사람은 아무도 없습니다.

택을 하느냐에 따라 삶의 방향이 바뀌는 경우는 비일비재합니다. 특히 변화의 시기에는 행운과 불운이 크게 엇갈리는 법입니다. 방황을 마쳐야 하는 시기인 것입니다.

운의 원리 — 삶의 궤적을 돌아보며 내가 누구인지를 성찰한다.

운의 흐름을
탈 줄 알아야 한다

바람은 물결을 만들고, 달은 조류를 만든다

지구온난화로 인해 북극과 남극의 빙하가 빠른 속도로 녹으면서 사라지고 있다고 하네요. 최근 들어 뉴스와 다큐멘터리 프로그램을 통해 남극과 북극의 빙하가 깨지고 녹아내리는 장면을 수시로 보게 됩니다. 커다란 굉음과 함께 거대한 얼음덩어리가 떨어져 나오면서 몇 개의 빙산으로 쪼개지는 모습입니다.

그 와중에 잘게 부서진 작은 얼음 결정들이 차가운 바다를 온통 하얗게 뒤덮지요. 햇빛을 받아 반짝이는 얼음 결정들이 검은

색 바다와 극한의 대비를 이루며 묘한 신비감을 자아냅니다.

그런데 극지방의 빙산과 그 주변을 둘러싼 작은 얼음덩이의 흐름이 다르다고 합니다. 빙산은 빙산대로, 작은 얼음 결정은 얼음 결정대로 각자 갈 길을 간다는 것이지요. 그렇다면 빙산과 얼음 결정은 왜 서로 다른 흐름을 만들어내는 것일까요? 바로 물결과 조류의 흐름이 다르기 때문입니다.

바람은 물결을 만들고, 작은 얼음 결정들은 물결에 몸을 실으며 바람이 부는 대로 이리저리 떠다닙니다. 그런데도 빙산 주위를 크게 벗어나는 법이 없습니다. 빙산 주위를 떠돌 뿐이지요.

반면에 빙산은 깊은 바닷속을 흐르는 조류를 따라서 몸을 움직입니다. 빙산의 일각이라는 말처럼 자기 몸의 일부만 물 위로 드러낸 채 조류의 흐름에 몸을 맡기는 것이지요. 이 같은 조류를 만들어내는 것은 지구와 달의 인력입니다. 만물을 움직이는 하나의 법칙이지요.

우리의 생각 중에도 눈에 보이는 것이 있고, 보이지 않는 것이 있습니다. 의식의 세계와 무의식의 세계이지요. 심리학에서는 우리 삶을 결정하는 것은 의식이 1할, 무의식이 9할이라고 합니다. 마찬가지로 빙산도 1할만 우리 눈에 보일 뿐, 나머지 9할은 바닷속에 숨어 있습니다.

물결에 일렁이는 작은 얼음 결정의 움직임으로는 깊은 바닷속 조류의 흐름을 알기란 불가능합니다. 우리가 바닷속을 들여다볼 수가 없기 때문이지요. 그러나 빙산의 작은 움직임으로는 조류의 흐름을 알 수 있습니다. 나무에서 떨어지는 잎사귀 하나가 가을이 오고 있음을 예고하는 것과 같지요.

이처럼 사람의 운에는 일정한 흐름과 주기가 있습니다. 여기서 운의 흐름이라는 것은 사람이 타고난 운명학적 특징과 삶의 방향성을 의미합니다. 그리고 운의 주기라는 것은 운명학적 특징과 삶의 방향성이 일정한 주기를 가지고 변화한다는 뜻입니다.

명리학에서는 대운과 소운, 서양 점성학에서는 피르다리아, 인도 점성학에서는 다사를 활용하여 운의 주기를 10년 단위로 살펴봅니다. 개인적인 편차를 감안해 8~12년 단위의 큰 주기로 변하는 것을 대운, 15~18개월 단위의 작은 주기로 변하는 것을 소운으로 분류합니다.

이 밖에도 연 단위로 변하는 연운, 월 단위로 변하는 월운, 일 단위로 변하는 일운, 시간대별로 변하는 시운 등으로 운세를 따지기도 하지요. 운에도 주기가 있다는 말은 아무리 좋은 대운도 평생을 갈 수 없고, 마찬가지로 아무리 나쁜 대운도 일생을 함께하지 않는다는 의미입니다. 그래서 우리의 인생길은 오르막과

내리막을 일정한 간격으로 반복하게 되는 것이지요.

운은 일정한 기간 동안 일정한 방향으로 나아간다

대운이 중요한 것은 일반적으로 인생의 큰 흐름과 방향이 대운의 변화에 따르기 때문입니다. 예를 들면 일운이 월운을 벗어날 수 없고, 월운이 세운을 이길 수 없고, 세운은 대운이라는 큰 틀 안에서 변할 수밖에 없지요. 그 변화의 크기와 모양은 사람마다 천차만별입니다. 어떤 사람은 0~10세까지의 초기 대운이 가장 좋았다가 이후로는 죽 내리막길 인생을 살기도 합니다. 또 30대까지는 천신만고의 삶을 살다가 40세부터 죽을 때까지 부귀영화를 누리는 사람도 있습니다. 그리고 10년 단위를 주기로 롤러코스터를 타듯이 천당과 지옥을 번갈아 경험하는 사람도 부지기수입니다.

일반적으로 운의 진폭이 좁은 사람은 운세가 바닥으로 내려갔을 때는 30평형대 아파트, 운세가 천정까지 올라갔을 때라도 40평형대에 머무는 경우가 많습니다. 큰 우여곡절 없이 평탄한 삶을 살다 가는 사람입니다. 그리고 운의 진폭이 큰 사람은 밑바

41

닥 인생에서 재벌급 부자로 순식간에 변신하기도 한답니다. 반대로 부지불식간에 인생의 정상에서 바닥으로 추락하는 불운의 주인공도 주위에서 많이 볼 수 있지요.

단순하게 운의 흐름과 주기가 좋다 나쁘다 판단하는 것은 의미가 없습니다. 운명학에서 운의 흐름과 주기를 중요하게 생각하는 것은 타고난 천명을 알아야 피흉취길의 적절한 대응이 가능하기 때문이지요. 사람의 운세를 바꾸는 데 가장 중요한 두 가지는 타이밍과 방향이라고 했습니다. 특히 좋은 타이밍과 방향의 선택은 자기 자신을 변화시키는 행운의 시작임과 동시에 운명까지도 바꾸는 강력한 힘입니다.

여기서 또 한 가지 중요한 것은 운이 좋아지기 위해서는 운의 흐름을 탈 줄 알아야 한다는 사실입니다. 운은 일정한 기간 동안 일정한 방향으로 진행하는 속성을 지니고 있습니다. 때문에 지금의 흐름이 다음 단계의 흐름을 위한 준비가 되어야 합니다. 이것은 운이 좋은 시기에는 행운을 증폭시키고, 운이 나쁜 시기라도 불운을 최소화하는 효과를 거둘 수가 있습니다.

예를 들면 50대에 최고의 대운을 맞이해 사업운과 재운이 정점에 이를 사주라면 40대부터 자금과 인력을 준비해두어야 합니다. 행운을 받아들일 준비를 한 사람과 하지 않은 사람이 손에

카니발의 저녁, 앙리 루소, 1886년, 필라델피아 미술관

카니발이 끝나고 한껏 멋을 낸 젊은 남녀는 고요한 달빛 아래를 걷고 있습니다. 달빛이 두 사람의 앞길을 밝게 비춰줍니다. 밤하늘, 달빛, 나무가 만든 숲의 풍경은 몽환적이기까지 합니다. 밤하늘의 별은 인간의 무의식을 나타내고 나아가 운명을 예언합니다. 서양의 점성술에서는 이렇게 보름달이 뜨는 밤을 감정적으로 특별한 날이라고 여깁니다.

쥐는 결과는 하늘과 땅 차이입니다. 준비 여하에 따라 어떤 사람은 연매출 10억 원의 회사에 그치기도 하고, 어떤 사람은 한 순간에 연매출 100억 원의 회사로 키우는 차이를 만들어낸답니다. 반대로 운이 좋지 않은 시기라도 현실적인 대비책이 있다면 손실의 폭을 최소화할 수 있다는 사실을 기억하세요.

운의 원리 - 운에는 일정한 흐름과 주기가 있다.

타고난 그릇을
어떻게 키울 것인가?

천성과 천명이 완벽한 사람은 없다

태어날 때 우리에게 주어지는 명을 그릇에 비유해볼까요? "사람의 그릇은 타고난다"라는 말이 있습니다. 그릇의 성질은 한번 만들어진 후에는 비록 깨질지언정 변하지 않는다는 특징을 가지고 있습니다. 그리고 그릇은 크기, 모양, 재질, 경도가 모두 제각각입니다. 모양은 투박하지만 깨지지 않을 만큼 단단한 그릇이 있는 반면, 아름답고 섬세하게 세공되었지만 쉽게 깨지는 유리그릇도 있습니다. 그리고 열 명분의 식사를 담을 크기의 대

접만 한 그릇이 있고, 또 간장 종지로 쓰일 법한 작은 그릇도 있습니다.

여기서 그릇은 우리가 태어날 때 주어지는 것, 즉 천성과 천명입니다. 우리의 의지와 관계없이 주어진 본성이자 본질인 것이지요. 한국 땅에서 태어난 것, 부모님과 형제들, 타고난 외모와 성격 등을 명이라고 규정할 수 있겠네요. 세월이 흘러도 쉽게 변하거나 바뀌지 않는 것들이지요.

이제 운의 영역을 한번 살펴볼까요? 운은 바로 그 그릇의 쓰임새와 가치를 정하는 것입니다. 즉 그릇이 크다 작다, 단단하다 무르다 등의 개념은 명의 영역이고, 그릇의 용도와 가치를 결정하는 것은 바로 운의 영역이라는 뜻입니다. 그릇을 어디에 둘 것인가? 그릇에 무엇을 담을 것인가? 그릇을 어떤 용도로 사용할 것인가? 이런 것들은 우리가 일상에서 늘 부딪치는 문제들입니다. 예를 들면 한국 땅에서 태어나 일정한 나이에 학교를 다니고, 25세에 취업을 하고, 31세에 결혼을 하고, 35세에 이직을 하는 인생살이가 바로 운의 영역에 속하는 우리의 삶입니다.

이렇게 보면 우리의 삶이란 게 명과 운이라는 두 개의 수레바퀴에 의지해 굴러가는 수레와도 같다고 할 수 있습니다. 운명학에서도 명과 운의 균형과 조화가 인간의 길흉화복을 판단하는 가장 중요한 기준입니다. 당연히 명과 운의 불균형과 부조화는 우리의 세상살이를 힘들게 하기 마련입니다. 바퀴의 크기가 다르거나, 방향이 다르다면 수레가 잘 굴러갈 리가 없겠지요.

명의 가치를 키우는 운의 경영

그런데 타고난 천성과 천명이 완벽한 사람은 없습니다. 그릇에 비유하자면 큰 그릇은 쓸모는 많으나 옮기기가 어렵고, 작은 그릇은 옮기기는 쉬우나 쓰임새가 적지요. 그리고 모양이 예쁜 그릇은 깨지기가 쉬운 법입니다. 이처럼 모든 것을 상대성의 논리로 살펴보세요. 자연의 균형을 이루는 음양의 조화, 즉 부족한 것은 채우고 넘치는 것은 덜어내라는 운명학의 가르침 역시 그 연장선상에 있답니다. 명이 부족하면 이를 보완할 수 있는 운의 작용이 중요해지는 것이지요. 따라서 명의 가치를 키우는 운의 경영이 중요한 것입니다.

운은 좋으나 명이 좋지 않은 사람과, 명은 좋으나 운이 좋지 않은 사람 가운데 누가 더 행복할까요? 물론 명 자체에는 좋다 나쁘다 하는 구분이 없고, 운 역시 누구에게나 좋고 나쁜 때가 있을 뿐입니다. 그리고 행복이라는 말 자체도 매우 상대적이고 관념적인 용어인지라, 그냥 특정한 사람이 특정한 시기에 보여주는 삶에 대한 정량적, 정성적 평가 정도로 생각하세요.

예를 들면 어떤 특정한 시기에 타고난 그릇이 작고 격이 낮은 사람이 매우 운이 좋은 경우와, 타고난 그릇과 격이 뛰어남에도 가장 좋지 않은 운을 만난 경우를 비교하면, 개인이 느끼는 행복감은 전자가 후자에 비해 비교할 수 없을 정도로 크답니다. 그렇다고 하더라도 그 시점에서 후자의 사회적 지위와 명예는 전자보다 우위에 있게 마련입니다. 작은 가게의 주인이 소위 대박이 나서 매일 돈을 쓸어 담는 경우와, 연간 매출액 1천억 원대를 꾸준히 유지해오던 중견기업의 사장이 예기치 않은 실수로 부도 위기에 처한 경우를 비교하면 쉽게 이해할 수 있습니다.

그렇다면 타고난 그릇을 키울 수 있는 방법은 없을까요? 우선 가장 손쉬운 방법은 그릇이 큰 사람을 만나는 것입니다. 그릇이 큰 사람을 만나 자신의 그릇을 키우는 전략입니다.

운명학에서 하나 더하기 하나는 둘 이상의 결과를 만들어내지만 그 반대의 경우도 얼마든지 있을 수 있답니다. 좋은 인연의 사람을 만난다는 것은 이미 자신의 운이 좋아지고 있다는 것을 의미합니다. 그래서 인간의 길흉화복을 점치는 운명학에서 인연

파에톤의 추락, 피터 폴 루벤스, 1605년, 워싱턴 내셔널갤러리

태양의 마차를 몰게 해달라는 아들 파에톤의 간청을 허락한 태양신 헬리오스는 "너무 높게도 너무 낮게도 날지 마라"고 당부했습니다. 그런데 너무 낮게 날아서 대지가 불에 타자 제우스가 번개를 내리쳐 파에톤을 죽게 했지요.

"그릇에 넘치는 것을 원하는 자는 가장 소중한 것을 잃을 수 있다"라는 말이 있습니다. 교만과 어리석음은 늘 경계해야 합니다.

법을 가장 중요시하는 것이지요.

먼저 자신의 그릇을 채운 후에 다음 단계를 준비하고 도모하는 것도 하나의 방법입니다. 산을 올라갈수록 다른 풍경이 눈에 들어오듯, 당신의 그릇이 채워질수록 세상을 보는 눈이 넓어지고 마음 씀씀이도 달라진답니다. 그래서 당신의 그릇을 온전히 채우고 나면, 자신의 어떤 부분을 변화시켜야 그릇을 넓힐 수 있는지 보이게 됩니다.

운의 원리─그릇이 큰 사람을 만나 자신의 그릇을 키운다.

성형 수술로
운명을 바꾼다?

얼굴을 바꾸면 운이 좋아진다?

일전에 관상을 주제로 다룬 영화 '관상'과 드라마 '왕의 얼굴'이 차례로 방영되어 화제가 된 적이 있었습니다. 영화 '관상'은 예상외로 관객 1천만 명에 육박하는 대박을 터뜨리기도 했습니다. 그런 영화의 인기에 힘입어 TV 드라마 '왕의 얼굴'도 방영되며 일반인들에게 운명학의 관상에 대한 이미지가 많이 개선(?)된 것도 사실입니다. 영화 상영 이후로 관상에 대한 고객들의 관심과 상담이 많이 늘어났으니까요.

"정말 얼굴에 손을 대면 관상이 바뀌고 운도 좋아지나요? 나이가 들면서 눈 밑이 약간 처진 부분하고 입가의 주름을 성형하고 싶은데 괜찮을까요? 성형을 잘못하면 되레 운이 나빠지지는 않을까요?"

50대 초반의 K씨는 오랜 고민 끝에 상담을 청한 것이라며 자신의 속내를 털어놓았습니다. 첫째는 성형 결과가 좋지 않으면 어쩌나, 둘째는 혹시 얼굴에 칼을 대서 운이 나빠지기라도 하면 어쩌나 하는 걱정 때문에 쉽게 결정을 내리기가 힘들었다고 하네요.

"눈 아랫부분의 와잠은 생식기의 건강 상태 및 자녀의 운과 관련이 있습니다. 약간 도톰하게 올리시는 게 운의 상승에 도움이 되겠습니다. 팔자주름의 경우도 관상에 좋은 방향으로 형성되지 않았네요. 이 부분도 채우시는 게 좋겠습니다."

관상학에서 와잠은 누에가 옆으로 누워 있는 듯한 형상에 빗대어 붙인 명칭입니다. 눈 밑이 도톰하게 올라와 탄력이 있고 빛깔이 좋을 경우 애정운과 자녀운이 좋고, 내려앉아 있거나 꺼진 상태라면 그 반대로 보는 것이지요. 그리고 관상학에서 법령이라고 하는 팔자주름은 중년 이후로는 사회적 지위와 성공, 또는 사고와 관련된 상징으로 중요하게 취급한답니다. 개인에 따라 차이가 많지만 일반적으로는 가늘고 매끈한 팔자 모양과 뚜렷한 윤곽을 가지고 있으면 재운, 건강운, 자녀운이 좋은 관상입니다.

중년 부인인 K씨의 경우처럼 관상학의 관점에서 미용을 겸한 성형에 대해 조언을 구하는 고객들이 점차 늘어나고 있습니다. 성형을 하면 예뻐지고 운도 좋아진다는데 마다할 리가 없지요.

요즘 성형수술을 통해 얼굴을 바꾸고, 얼굴을 바꾸면 운이 좋아진다는 '관상 성형'이 인기를 끌고 있습니다. 저도 성형외과 의사들의 모임에 초대받아 관상학에 관한 강의를 여러 차례 하기도 했답니다.

아름다운 외모와 좋은 관상은 다르다

그렇다면 정말 얼굴을 바꾸는 성형으로 관상까지 바꿀 수 있을까요? 제 입장에서는 조건부로 "그렇다"입니다. 관상도 우리의 인생처럼 선천적인 것(명)과 후천적인 것(운)으로 나누어집니다. 태어날 때의 얼굴이 생을 마감할 때까지 같을 수는 없으니까

53

요. 사람이 바뀌고, 세상이 바뀌고, 또 어떤 삶을 사느냐에 따라 변하는 게 우리의 얼굴입니다.

　관상은 신체 부위에 따라 보는 법이 각각 다르지만 여기서는 얼굴 중심으로 간단하게 살펴보겠습니다. 얼굴 관상을 볼 때 중요한 기준은 크게는 찰형察形과 찰색察色의 두 가지로 나누어집니다. 찰형은 이목구비가 어떻게 생겼는가를 살피는 것이고, 찰색은 얼굴의 색깔과 얼굴의 각 부위에서 뿜어져 나오는 기운을 보는 것입니다.

　관상은 얼굴의 모양이 아니고 기세를 봐야 한다는 말이 있는 만큼 관상을 볼 때 찰형보다는 찰색을 더 중요하게 여긴답니다. 때문에 좋은 관상가는 얼굴의 생김새가 아니고 얼굴에 드러나는 기운을 보는 것이지요. 아울러 성형을 통해 찰형을 바꿀 수는 있지만 찰색은 바꾸지 못한다는 사실 또한 주목할 필요가 있습니다.

　　“골상불여관상(骨相不如觀相)이고, 관상불여찰색(觀相不如察色)이며, 찰색불여심상(察色不如心相)이다.”

송나라 초기에 상법을 집대성한 마의선사가 편찬한《마의상

수중정원, 프레데릭 차일드 하삼, 1909년, 뉴욕 메트로폴리탄 미술관

연못을 끼고 있는 꽃밭은 온갖 꽃이 절정입니다. 꽃밭을 가꾸는 데 들인 시간과 노고만큼 꽃들은 풍성해집니다. 버려진 땅에서는 꽃이 피지 않습니다.

우리의 운과 인연도 가꾸기 나름입니다. 우리의 무의식 안에는 행운과 귀인을 불러들일 수 있는 씨앗이 있답니다. 이 씨앗을 잘 가꾼다면 아름다운 꽃이 피어나 당신의 운명을 변화시키겠지요.

법》에 나오는 말입니다. 인간의 길흉화복과 운명을 헤아리는 데 골상은 관상보다 못하고, 관상은 얼굴의 기운인 찰색보다 못하며, 찰색은 마음의 상인 심상보다 못하다는 뜻이랍니다.

관상학에서는 '예쁜 얼굴'과 '좋은 관상'이 엄연히 구별되지요. 얼굴이 예뻐졌다고 해서 그 자체가 행운을 가져다주지는 않습니다. 외모가 아름답다고 해서 좋은 팔자를 타고나는 것은 아니니까요. 다만 성형을 통해 외모가 바뀌면 운명이 바뀔 가능성은 높아진다고 봐야 합니다. 이는 외모에 대한 자신감이 생기고 대인관계가 좋아지면서 자존감도 높아지는 경우에 한합니다. 자존감이 높아진 사람은 좋은 기운이 생기고, 또 좋아진 운이 운명까지 변화시킨다는 게 운명학적 해석이랍니다.

운이 변한다는 것은 언제나 마음이 변한다는 것을 전제로 합니다. 마음이 아름다운 사람은 관상학적으로 아름다운 얼굴을 만들게 되고, 이는 아름다운 인연을 불러오게 됩니다. 마음이 맑은 사람은 얼굴에 좋은 기운이 넘치고 눈도 맑게 빛나니까요. 그러고는 다른 사람의 눈에 띄어 아름다운 인연으로 이어지는 것이랍니다.

운의 원리 - 마음이 변하면, 운도 변한다.

2장
재운을
말한다

재운이 강한
부자들의 3가지 특징

"작년에는 사주를 볼 때마다 모두 대박이 터진다고 했어요. 한 군데서는 준재벌급의 부자가 될 재운을 타고났다고 했거든요. 물론 대박이라 하기는 그렇지만 예년보다 몇 배를 더 벌기는 했습니다. 그런데 재벌급 재운을 타고났다는데 그런 기회가 오긴 올까요?"

고객 가운데 수백억 원대 자산가들에게서 자주 듣는 얘기입니다. 그들은 스스로 부자가 될 운을 타고났다고 믿는 사람들입니다. 그래서 자신이 타고난 재운을 어떻게 활용할 것인가에 집중하지요. 돈이 있느냐 없느냐를 따지는 대신, 돈을 벌 수 있는 방법을 찾아내는 데 몰두한답니다.

운명학의 재운에 대한 일반인의 오해는 바로 '재운이 있다 없다'라는 기준으로 판단하기 때문에 생기는 것입니다. 결론부터 말하자면 '재운은 모든 사람에게 있다'라는 게 맞습니다. 각자 타고난 그릇의 크기에 차이가 있고, 재질과 모양이 달라 재운이 약한 사람과 강한 사람으로 나뉠 뿐이랍니다. 이른바 '거지 사주'를 타고났다고 하더라도 주위 사람의 명의, 타이밍, 재테크 방법 등을 제대로 활용한다면 현실에서 충분한 부를 누리며 살 수가 있습니다.

2001년 서강대 경제학과의 남성일 교수는 '재운이 부자를 만드는가?'라는 제목의 논문을 발표했습니다. 사람의 사주가 소득에 미치는 효과를 분석한 것으로, 운세를 실증적으로 입증하려는 새로운 시도였습니다. 만 35~65세의 일반인 1,017명을 대상으로 학력, 직업, 소득 수준에 따라 재운이 강한 사람, 보통인 사람, 약한 사람 등 3단계로 분류했습니다. 흥미로운 결과 가운데 하나는 45세 이상 직장인의 경우 다른 조건이 같을 때 재운이 강한 사람들이 최대 39%까지 돈을 더 번다는 통계치였습니다. 그러나 운명학 전문가로서 보기에 이것은 최저치일 뿐, 만약 타고난 재운을 장기적으로 잘 활용한다면 그 결과는 300% 이상이라고 자신 있게 말할 수 있습니다.

자산가 5,000명의 재운 통계 자료 정리

제가 이전에 재운에 관해 사주를 공부할 때 선생님과 약간 생각이 달랐던 부분이 있었습니다. 항상 선생님이 사주의 재운에 대해 두루뭉술하게 표현하는 것이 마음에 들지 않았으니까요. 예를 들면 이런 식이었습니다.

"이 사주는 재벌 사주다. 볼 것도 없다."

"재벌이라면 어느 정도의 재산을 가지고 있어야 하나요?"

"수백억 원대에서 수천억 원대면 재벌이라고 부를 수 있겠지."

"1백억 원대 부자와 3백억 원대 부자는 사주가 다르던데 그걸 어떻게 구별하나요?"

제 집요한 질문에 선생님께서 언짢아하신 적이 여러 번이었습니다. 질문하는 과정을 통해 많은 궁금증이 풀렸지만 그래도 해결되지 않는 문제는 직접 해결하는 수밖에 없었습니다. 재운에 통계학을 적용해 좀 더 세부적인 기준을 만들자고 결심했던 것이지요. 말하자면 빅데이터에 기반한 데이터마이닝을 운명학에 활용해본 것입니다.

우선 사주가 분명한 국내외 재벌 및 준재벌, 성공한 전문가, 부동산 투자가, 주식 투자가 등의 재운에 대해 사주와 관상 등 여러 운명학적 방법론을 동원해 통계 자료를 만들기 시작했습니다. 국내외 자산가들의 개인 재산을 기준으로 각자 재운의 성격과 전개 과정 및 특징 등으로 분류한 척도도 만들었습니다. 우선 부자들을 자수성가한 사람과 재산 상속을 받은 사람으로 나누었지요. 그리고 본인이 직접 보유한 자산 가운데 주식 비중이 높은 사람, 현금 비중이 높은 사람, 부동산 비중이 높은 사람 등등으로 분류한 다음, 가능하면 각각의 비율도 구체적으로 기록해두었습니다. 여기에 각각의 동업자 운, 배우자 운, 부하 직원의 운 등 인복과 재운의 상관관계에 대해 표시했습니다.

마지막으로 비슷한 사주를 가졌는데 자산가가 아닌 사람과의 비교가 이루어졌습니다. 자산가 5,000명 정도의 재운에 대한 통계 자료를 만드는 데 꼬박 10년의 세월이 걸렸습니다. 시간이 지나고 운이 바뀜에 따라 그들의 재산이 어떻게 변화하는지에 대한 시계열적 분석이 필요했기 때문입니다.

제가 만든 통계 자료를 보면 수십억 원대 자산가라도 10억 원, 30억 원, 50억 원, 80억 원, 100억 원대 부자들의 재운, 즉 그릇의 크기가 서로 달랐습니다. 그리고 수백억 원대에서는 100억 원, 200억 원, 400억 원, 700억 원, 1,000억 원대의 부자들이 서로 다른 재운의 특징을 보여주었습니다. 1,000억 원대 이상 1조 원까지는 3단계로 분류되었습니다.

많은 인내심이 요구되는 작업이었지만 이를 통해 재운에 대한 과학적 분석력과 함께 운명학적 통찰력을 키울 수 있었습니다. 그리고 중산층 및 서민층의 데이터와 비교함으로써 자산가들이 부를 축적하는 데 활용한 재운의 특성을 추출해 과학적인 재운 활용 모델을 만들었답니다.

제가 대학교에 진학하면서 경영학을 전공으로 선택한 이유 가운데 하나가 재운에 대해 상세하고도 완벽한 판단을 하기 위함이었습니다. 명리학이나 자미두수 등 수천 년 전의 전통적인 사주풀이만으로는 사람의 재운을 판단하는 데 한계가 분명하다는 사실을 깨달았으니까요. 같은 재운을 가진 사람들이 현실에서는 다른 운명을 살아가는 사례도 숱하게 경험했습니다.

운명학이 정립되었던 고대 사회와 달리 현대 사회에서는 재운 가운데 자본 등 금융의 역할이 비교할 수 없을 정도로 커졌고, 재테크의 방법도 다원화되었으며, 비즈니스 관계는 글로벌 차원에서 이루어진다는 사실도 재운을 활용하는 데 중요한 고려 사항이 됩니다. 그리고 시간의 움직임에 따르는 시계열 분석을 해보면 2000년 이전에는 10년, 2000년 이후부터는 5년 단위로 재운을 상승시키는 인자가 변화하고 있는 것이 관찰됩니다.

부자의 인간관계는 양보다 질이 우선이다

부자가 되는 방법을 다루는 책이나 기사에는 부자들의 공통점이 자주 등장합니다. 그러나 사실 타고난 그릇의 크기와 부를 축적하는 방법에 따라 부자들의 공통점은 각각 다른 모습을 보이게 마련입니다. 다만 제가 축적한 운명학적 데이터에서 재운이 강한 사람들이 가지고 있는 변함없는 특징은 다음의 세 가지로 정리할 수 있습니다.

1. 돈에 대해 - 재운이 강한 사람은 항상 돈이 '있다'는 사실에 집중합니다.

'나는 충분한 돈이 있다.' 당신은 이 말에 얼마나 공감을 하십니까?

돈은 사회경제학적으로 세상을 움직이는 에너지로 볼 수 있습니다. 나름의 크기와 방향을 가지고 스스로 운동하면서 작아지거나 커지기도 하고, 때로는 어느 한곳에 오래 머물기도 하지만 그냥 속절없이 흘러가 버리기도 한답니다.

재운이 약한 사람은 '돈'이라는 에너지를 끌어당기는 데 자신감과 인내, 행동력이 부족하기 때문에 제때 제대로 활용하지를 못합니다. 돈을 쓸 때도 고여 있는 물을 바가지로 퍼내듯 한답니다. 돈은 고여 있지 않고 흐르는 물이라 했습니다. 고인 물을 퍼내 쓰다 보면 자연히 불안해지지요. 이러다 물을 다 써버리면 어쩌나 하는 두려움에 사로잡히게 됩니다. 그래서 결국 자신이 원하는 것만큼의 돈이 '없음'에 불만을 터뜨리지요. 이처럼 재운이 없는 사람은 '돈이 없다'에 매달리면서 돈을 벌 방법을 찾지 못한 채 허송세월을 할 뿐입니다.

반면 재운이 좋은 사람은 자신의 미래에 돈이라는 에너지가 흘러 들어오도록 물길을 만든답니다. 돌고 돌아 돈이라 했던가요? 적절한 투자를 통해 돈을 내보내는 흐름을 만들고, 이를 통해 들어오는 흐름을 더욱 크게 만들어가는 것이 에너지의 순환에 따르는 재운의 활용법입니다. 따라서 재운이 좋은 사람들은 더 크게 돌아올 것이라는 기쁨으로 돈을 쓰며, 그렇게 쓸 돈이 있음에 감사한 마음을 가집니다. 자신에게는 항상 돈이 '있다'는 것에 초점을 맞춘 삶을 살아가는 것이랍니다. 맹자는 항산恒産이면 항심恒心이라고 했습니다. '돈이 있다'는 사실에 집중하는 삶은 항상 편안한 마음을 유지하게 하고, 이는 재운을 향상시키는 기반이 됩니다.

2. 세상에 대해 – 재운이 강한 사람은 피해의식 없이 현실을 냉철하게 받아들입니다.

세계 최연소 억만장자인 에반 슈피겔은 다음과 같은 말을 했습니다. "삶은 공정하지 않다. 그것은 당신이 열심히 일하지 않아서가 아니라 시스템이 그렇게 굴러가기 때문이다." 24세의 나이에 인생이 공정하지 않음을 인식하고 받아들이는 삶의 태도를 당당하게 보여줍니다.

열심히 일한다고 해서 반드시 부자가 되는 것은 아니며, 착하게 산다고 해서 반드시 복을 받는 것도 아닙니다. 태어나면서 부자인 사람이 있는 반면, 대학 졸업 후 학자금 대출의 빚더미에서 헤어나지 못하는 사람도 많습니다. 이런 현실을 인정하지 않고 스스로 불운한 피해자로 규정한다면, 원망과 불만에 짓눌

린 행운은 제대로 한번 날아보지도 못한 채 날개가 꺾여버리고 말지요.

눈에 보이는 상대적인 피해의식을 버리고 냉철한 현식 인식과 자신감으로 무장한 채 우선 현실의 시스템을 받아들여야 합니다. 게임의 룰을 인정하지 않는 선수는 경기장에 나설 수가 없답니다. 일단 경기장 안에 들어선 다음, 그곳에서 당신이 타고난 재운을 마음껏 활용하세요.

3. 인간에 대해 - 재운이 강한 사람은 사람을 가려 사귑니다.

돈을 벌고 모으고 지키는 과정에서 부자들은 다양한 사람을 만났습니다. 상처를 받은 적도 있었고, 배신을 당한 적도 있었으며, 싸움을 벌여야 했던 적도 있었겠지요. 그러는 동안 그들은 자신의 귀한 시간과 에너지를 아무에게나 투자해서는 안 된다는 사실을 배웠습니다.

자수성가로 준재벌의 위치에 오른 고객이 "선생님, 믿을 사람은 따로 있습디다. 그런데 그나마도 별로 없어요"라는 말로 제게 세상살이의 엄혹함을 대변해주었습니다. 물론 사람끼리 따뜻한 인심이야 얼마든지 나눌 수 있지만, 돈 문제에 있어서는 사람을 냉정하게 대해야 한다는 뜻이겠지요.

붉은 터번을 두른 남자의 초상, 얀 반 에이크, 1433년, 런던 내셔널갤러리

그림 액자 위쪽의 '내가 할 수 있는 한 최선을 다해(AIC IXH XAN)'라는 글귀는 당시 북유럽 르네상스의 주자였던 화가 얀 반 에이크의 자기 암시가 담긴 말입니다.

'진인사 대천명'이라는 말처럼 하늘은 스스로 돕는 자를 돕는 법입니다. 남을 원망하지 않고, 내 삶의 주인으로 최선을 다하는 것이야말로 행운을 부르는 삶의 태도라 할 수 있습니다.

재운이 강한 사람들은 친분이 있는 대다수의 사람과 일정한 거리를 두는 편입니다. 심지어 가깝게 지내는 주위 사람들로부터 "까칠하다"라는 평을 들을 정도로 인간관계에서는 신중한 태도를 보인답니다. 그 대신 스스로 깊이 신뢰하는 소수의 사람에게는 진심으로 대하며, 끝까지 신의를 지키려고 노력합니다. 그래서 부자들의 인간관계는 철저하게 양보다 질에 초점을 맞추어 자신이 타고난 운을 활용하는 데 뛰어난 능력을 보여준답니다.

운의 원리─재운이 강한 사람은 항상 '돈이 있다'는 사실에 집중한다.

뿌린 대로
거두리라!

운명학에 있어서 원인과 결과의 인과관계

어느 날, 오랜 고객에게서 메일을 한 통 받았습니다. 외국계 대기업 임원으로 시간이 흐를수록 자신의 운세뿐만 아니라 동서양 운명학에 대한 생각의 깊이와 폭을 더해가고 있는 분이지요.

이번 질문은 운의 원인과 결과에 대한 내용이었습니다. 운명학의 중요한 원리이지만 전문가들도 간과하기 쉬운 내용이기에, 허락을 받아 소개하려고 합니다. 원문은 길지만 핵심적인 내용만 간추려보면 다음과 같습니다.

'우리는 보통 어떤 시기에 운이 좋다 나쁘다, 이렇게 표현합니다. 이것은 결과에 대한 일반적인 평가에 지나지 않지요. 예를 들면 복권에 당첨되었을 때는 운이 좋았다, 불의의 사고를 당했을 때는 운이 나빴다는 식으로 이야기할 뿐입니다.

만약 어떤 일의 원인과 결과가 가까운 시기에 발생했다면 인과관계를 밝히기가 쉽겠지요. 그런데 둘 사이의 연관성을 알기 어려울 정도로 시차가 크다면 어떤 평가를 내려야 할까요? 예를 들면 농사일의 경우 씨앗을 뿌리는 시기의 운에 따를까요, 아니면 열매를 거두는 시기의 운에 따를까요? 좋은 열매를 수확했다면 씨앗을 뿌리는 시기에 운이 좋았기 때문이 아닐까요? 어떤 열매를 수확하느냐는 씨앗의 품질과 뿌리는 시기에 70% 이상 달려 있다고 보거든요. 그렇다면 나쁜 열매를 수확했을 때는 씨앗을 뿌리는 시기에 운이 나빴다고 말할 수 있지 않을까요?

만약에 씨앗을 뿌리는 사람과 수확하는 사람이 다르다면, 운이 좋은 시기에 씨앗을 뿌려도 당사자는 모르고 지나가지요. 마찬가지 논리로 운이 나쁜 시기에 씨앗을 뿌려도, 본인이 수확하지 않는다면 자신의 운이 나쁜지 좋은지 결과를 알 수 없다는 생각이 듭니다. 어떤 일의 원인과 결과가 몇 년의 시차가 있거나 공간적으로 멀리 떨어져 있다면 서로 인과관계를 모른 채 살아가겠지요. 그렇다면 운의

좋고 나쁨은 원인과 결과의 어느 시기에 영향을 받게 되나요?'

먼저 운명학에서 운의 좋고 나쁨을 따질 때 가장 중요한 개념은 바로 타이밍과 방향성입니다. 그리고 일반적으로는 두 가지 가운데 타이밍이 방향성보다 운에 더 큰 영향을 미친다고 보지요.

그렇다면 원인과 결과의 인과관계에 대해서는 대개의 경우 '씨앗을 뿌리는 시기가 더 중요하다'라는 결론을 내릴 수가 있습니다. 이것은 열매를 수확하는 시기보다 씨앗을 뿌리는 시기의 운이 더 중요하다는 의미입니다. 일의 종류와 성격에 따라 시기의 좋고 나쁨이 운에 어떤 영향을 미치는지 구체적인 사례를 중심으로 살펴보도록 하지요.

먼저 부동산을 사고팔 때는 계약일이 가장 중요하다는 사실을 알아야 합니다. 이는 부동산 등기부등본의 원인발생일에 해당합니다. 매매 계약을 하는 시기에 따라 부동산의 가치가 결정된다고 해도 과언은 아닙니다. 즉 부동산 운이 좋은 시기에 사면 가치가 상승하고, 운이 나쁜 시기에 사면 가치가 하락한다는 의미입니다. 씨앗을 뿌리는 시기가 열매의 좋고 나쁨을 좌우하게 되지요. 잔금을 치르는 날이나 등기부등본 발행일 등은 중요도가 떨어진다는 게 일반적인 해석입니다.

수능 시험이나 공무원 고시, 입사 시험 등 중요한 시험은 원서 접수일이나 결과 발표일보다 시험을 치르는 날의 운에 결과가 좌우되는 경우가 많습니다. 시험 결과를 발표하는 날 운이 좋다고 해서 점수가 예상보다 높게 나오는 경우는 거의 없으니까요. 이미 몸에 병이 생긴 다음에는 아무리 좋은 시기에 병원에서 검사를 받는다고 해도 검진 결과가 바뀌지 않는 법입니다.

운이 좋은 시기에 뿌려놓은 씨앗은 나중에 힘든 일이 닥칠 때 방패막이가 되지만, 좋지 않은 시기에 뿌려놓은 씨앗은 일이 잘 풀리는 시기에도 발목을 잡는 경우가 많습니다.

두 번째 질문에 대한 답은 씨앗을 뿌리는 사람과 수확하는 사람은 거의 일치한다는 것입니다. 씨앗을 뿌리는 사람과 수확하는 사람이 다를 수가 없다는 개념이지요.

운명의 주인공은 언제나 자기 자신이다

제 고객 L씨의 예를 들어 설명해보겠습니다. L씨의 아버지는 수도권에서 대대로 농사를 지었기 때문에 많은 논밭과 임야를 소유하고 있었습니다. 열심히 농사를 지어 한 푼 두 푼 돈이 모이면 주변의 땅을 사들였습니다. 그리고 돌아가시기 전에 L씨 형제에게 각각의 몫을 물려주었습니다. 장남인 형이 논과 밭 등 좋은 땅을 대부분 물려받았고, L씨는 마을 뒷산의 임야를 물려받았습니다. 쓰임새가 없는 임야를 받은 데 대해 불만이 약간 있었지만, 작은 기업체를 운영하는 L씨 자신이 형보다 형편이 좋아 순순히 받아들였다고 하네요.

아버지가 돌아가신 이후 서울에 사는 형은 몇 년 사이에 고향의 논과 밭을 다 팔아치워 버렸습니다. 시골에서 농사지을 일이 없었기 때문이었겠지요. 형과 달리 L씨는 임야를 그대로 소유하고 있었습니다. 쉽게 팔릴 땅도 아니고, 사업을 하느라 바빠서 잊고 지낸 것이지요. 그런데 L씨가 소유한 임야가 대규모 아파트 단지 개발지구에 포함되면서 한꺼번에 1백억 원대의 보상금을 받게 되었습니다. 이 보상금이 L씨의 사업을 확장해 중견기업으로 키우는 토대가 된 셈입니다.

자, 이렇게 아버지가 두 형제에게 같은 시기에 물려준 땅인데도 서로 다른 결과를 가져왔습니다. 그렇다면 아버지가 형에게 물려준 땅은 매입할 때 운이 나빴고, 동생에게 물려준 임야는 매입할 때 운이 좋았을까요? 답은 '아니요'입니다. 부동산을 매입

병과 사과 바구니가 있는 정물, 폴 세잔, 1890-1894년, 시카고 아트 인스티튜트

철학자 스피노자는 "내일 지구의 멸망이 와도 오늘 사과나무를 심겠다"라고 했습니다. 지구가
멸망한다는 것은 운명을 뜻합니다. 사과나무를 심는 것은 자신의 운명을 받아들이겠다는 의지
의 표현입니다.
씨앗을 뿌리는 사람과 열매를 수확하는 사람이 다를 수는 없습니다. 운명의 주인공은 언제나
자기 자신이니까요.

한 아버지의 운은 자신 당대에만 귀결될 뿐입니다. 부동산은 소유한 사람의 운에 따르는 것이랍니다. 다시 설명하자면 아버지로부터 땅을 물려받을 때 형은 운이 좋지 않은 시기였고, 동생은 운이 좋은 시기였습니다. 부동산을 매입할 때는 아버지의 운에 따르지만, 그 부동산을 상속할 때는 아들의 운에 따른다는 게 운명학적인 해석입니다. 땅의 소유주가 바뀌었으니까요.

씨앗을 뿌리는 사람과 열매를 수확하는 사람이 다를 수는 없습니다. 운명의 주인공은 언제나 자기 자신이니까요. 같은 부모에게서 태어난 형제라도 각기 다른 운명의 삶을 살아가게 되어 있습니다.

뿌린 대로 거두리라! 운명학의 변함없는 법칙입니다.

운의 원리—씨앗을 뿌리는 사람과 열매를 거두는 사람은 같다.

좋아하는 일보다
잘할 수 있는 일을 하라

허준 선생이 지금 살고 있다면 어떤 직업을 가지고 있을까요? 대학병원 원장일까, 한의원 원장일까, 제약회사 사장일까, 아니면 보건복지부 장관일까요? 어쩌면 의학과 관계없는 직업에 종사하고 있을지도 모를 일입니다. 의학 분야만 하더라도 셀 수 없을 만큼 다양한 직업이 있고, 또 인기 있는 직종도 수시로 변하기 때문이죠.

사람 수만큼이나 직업의 종류가 많다는 세상입니다. 이제 직업을 찾고 직장을 구하는 일이 자신이 속한 특정 지역이나 국가에 머물지 않고 글로벌 차원에서 이루어지고 있습니다. 현재 지구 상에 2만 가지가 넘는 직업이 있다 하니, 이 가운데 자기에게 맞는 직업을 찾는 것이 쉬운 일은 아니지요.

"우리 아이가 어떤 분야에 적성이 맞을까요? 의사로 만들고 싶은데 의대에 진학할 성적이 나올까요? 의사가 맞지 않다면 법대에 진학해서 판검사가 돼도 상관이 없습니다. 둘 다 기본적으로 남들에게 존경을 받는 일이잖아요."

"배우로 성공하겠다며 연기학원에 보내달라고 난리예요. 연기학원에 가면 공부하고는 아예 담을 쌓는 건데 말릴 길이 없네요. 공부가 하기 싫어서 그러는 건지. 혹시 예능 쪽으로 재능이 있기는 하나요? 아니면 공부를 하게 하는 좋은 방법이 없을까요?"

자녀가 학생인 부모님들이 상담할 때 공통적으로 하는 질문입니다. 앞으로 공부를 잘하는가 못하는가, 장차 어떤 쪽으로 진로를 결정하는 게 좋은가 등 주로 자녀의 타고난 적성과 진로에 대한 고민들을 털어놓지요. 자녀가 함께 와서 상담을 받는 경우도 많답니다. 적성과 재능을 알면 학습과 진로 결정에 도움이 되기 때문이지요.

일반적으로 흥미와 적성이 일치한다고 생각하는 사람들이 많습니다. 학과나 직업을 선택할 때 그 일을 좋아하느냐 싫어하느냐를 중요한 기준으로 삼으니까요. 워렌 버핏처럼 '돈을 많이 벌어줄 것 같은 일을 하지 말고, 자신이 좋아하는 일을 해야 한다'라는 말을 남긴 성공한 이들도 많습니다. 이로 인해 '좋아하는 일을 해야 성공한다'라는 신화 아닌 신화가 만들어지기도 했으니까요.

직업과 취미 생활은 다르다

그러나 운명학 전문가의 시각으로 5만여 명의 직업운과 적성, 흥미의 상관관계를 살펴본 결과, 이는 참으로 위험한 생각입니다. 사실 잘하는 것과 좋아하는 것에는 엄연한 차이가 있답니다. 다시 말해 일과 취미의 차이라고나 할까요? 일은 자신이 잘하는 것이 기준이고, 취미는 자신이 좋아하는 것이 기준이니까요. 물론 좋아하는 일을 해서 직업적으로 만족감을 느껴서 성공했거나, 혹은 흥미가 적성과 우연히 일치해 능력으로 개발된 소수의 사람도 있습니다. 그러나 이는 확률적으로 1만 명 가운데 1명에 지나지 않습니다. 0.01퍼센트만이 좋아하는 일을 할 때 성공한다는 결과를 보여주는 통계 자료입니다.

　오히려 자신의 일에서 성공한 사람을 보면 자신이 좋아하는 일을 선택했다기보다 자신의 적성을 찾아내고 점점 흥미를 키워가는 경우가 대부분이랍니다. 자신이 잘할 수 있는 일을 좋아하려고 노력한 결과라고 보아야 합니다.

　사실 운명학에서 직업적 성패를 가리기 위해서는 흥미와 적성뿐 아니라 본인의 운의 흐름도 살펴야 합니다. 예컨대 명리학의 한 학파의 경우, 타고난 그릇을 살피는 격국格局과 이를 잘 활용하는 용신用神이라는 두 개념이 조화를 잘 이루는 상태를 중요시하지요. 여기서 격국은 선천적인 목표와 재능, 용신은 후천적인 의지와 노력, 운의 흐름은 시간에 따른 대세의 변화에 비유할 수가 있겠습니다. 이에 따르면 적성에 맞는 직업에 종사하더라도 길운이 오면 흥하고, 악운이 오면 위기에 처하게 됩니다. 30대에는 적성에 맞아 상승기에 올라 성공할 수 있었던 직업이라도 40대에 접어들면서 실패의 내리막길을 걷게 되기도 하니까요.

　한편 전통적으로 명리학에서 직업을 선택할 때 사주에 따라 오행에 맞는 직업을 고르는 경우가 많은데, 이는 화를 부르는 요인으로 작용하기도 합니다. 예를 들면 오행 가운데 토土를 따라 건설, 설계, 중개인 등 부동산 관련 분야에서 일하다가 관재수에 들거나 소송에 연루되어 큰 손실을 입는 경우가 종종 있다는 뜻입니다.

앞서 이야기했듯 세상이 변하는 방향에 따라 직업의 선호도에도 변화가 있게 마련입니다. 여기에다 개인적으로 시기에 따라 적성도 2~3차례 변화를 겪는 것이 일반적입니다. 평생 동안 적성이 변하지 않는 사람은 전체 인구의 채 20퍼센트가 되지 않습니다. 우리나라 사람들은 평생 동안 평균 5.5회 직업을 바꾼다는 연구 결과도 나와 있습니다.

운명학에 경영학과 통계학을 접목

전문가로서 저는 적성과 직업에 대해 상담할 때 '자신이 가장 크게 성공할 수 있는 직업 중 가장 잘 견딜 수 있는 일'을 선택하도록 조언하는 경우가 많습니다. 말콤 글래드웰이 자신의 베스트셀러 《아웃라이어》에서 제시한 '1만 시간의 법칙'은 하루 3시간, 주 20시간씩 10년 동안 1만 시간을 투자해야 한 분야에서 성공할 수 있다는 법칙입니다. 직업을 대하는 우리의 마음가짐이 어떠해야 하는지 상징적으로 표현한 말이지요.

그리고 자신이 잘할 수 있는 일을 찾아 '꾸준히' 해야 한다는 인내의 중요성도 강조하고 있지요. 인내로 쌓인 직업적 내공은 설사 위기가 온다 하더라도 이를 극복하고 버텨낼 수 있는 힘을 발휘한답니다. 자신이 가진 운의 유연성과 회복성을 증가시키는 것이지요. 이 경우 좋은 운이 오면 결코 반짝 성공에 그치지 않지요.

직업운에 대한 상담을 할 때, 음양오행론, 용신론, 격국론, 일주론, 십이운성론 등 수천 년 전의 원리만으로 적성을 찾는 명리학적 해법은 급변하는 현대 사회의 직업 환경에 그대로 적용하기에는 무리가 따를 수밖에 없습니다. 특히 해석하는 사람의 경험이 부족한 경우에는 단순한 사주풀이에 지나지 않지요. 판에 박힌 고전적인 해석으로는 시대와 직업의 변화를 제대로 반영하기가 불가능하기 때문입니다.

제가 운명학에 경영학과 통계학을 접목하는 것도 바로 변화하는 현대 사회가 필요로 하는 직업적 적성과 능력을 컨설팅하기 위한 것이랍니다. 보다 정확한 컨설팅을 위해서는 우선 명리학뿐만 아니라 자미두수, 기문둔갑, 서양 점성학, 인도 점성학 등 5가지 이상의 운명학적 해석을 통해 공통적으로 나타나는 직업운의 특징들을 추출해내는 것이 중요하지요. 그리고 최근 20

피아노 치는 소녀들, 오귀스트 르누아르, 1892년, 오랑주리 미술관

부유한 중산층 가정의 소녀들이 피아노를 연주하고 있습니다. 한 소녀는 악보를 들여다보고,
한 소녀는 연주하는 모습이 사랑스럽고 행복해 보입니다.

일은 자신이 잘하는 것이 기준이고, 취미는 자신이 좋아하는 것이 기준입니다. 좋아하는 일보
다 잘할 수 있는 일을 선택하는 것이 직업운을 상승시킨답니다.

년 동안 축적한 수만 명의 직업적 통계 자료를 근거로 운명학적 특징들을 비교하면서 최적의 직업운을 찾아내는 것이지요. 이른바 빅데이터를 분석하고 활용하는 작업인 셈입니다. 쉬운 일이 아님은 분명하나 제 조언에 따라 고객이 좋은 결과와 성과를 내는 모습을 지켜보는 것은 항상 큰 기쁨이랍니다.

운의 원리－잘할 수 있는 일을 찾아 꾸준히 해야 한다.

운이 좋은 사람과
나쁜 사람의 차이

최고의 인생트랙과 최저의 인생트랙이 있다

"저 사람은 참 열심히 사는데 운이 따라주지 않아. 하는 일마다 헛발질이야. 사람이 돈을 비껴가는지 돈이 사람을 비껴가는지 알다가도 모를 일이야."

"저 사람 생긴 걸 봐. 어딜 봐서 돈이 붙게 생겼어? 그런데 하는 일마다 돈벼락이니 하늘이 도와준다고 할밖에. 천운을 타고난 사람이야."

운이 좋다, 운이 나쁘다. 우리가 살아가는 동안 참 많이 하고 많이 듣는 말입니다. 그런데 운이 좋다 나쁘다를 가르는 기준이 무엇일까요? 일단 자기 능력과 노력 이상의 결과를 얻으면 행운, 반대의 결과를 얻으면 불운이라고 정의해보겠습니다. 매우 자의적이긴 하지만 일반적으로 이해하고 통용하는 운의 의미라고 해도 별 무리는 없습니다.

사주명리학의 세계관은 명확합니다. 인간을 자연의 일부로 보는 것이지요. 인간의 생로병사가 자연의 질서와 순환에 따른다는 것입니다. 따라서 사주명리학은 자연의 이치를 밝혀 인간 자신을 성찰하는 학문이지요.

사람은 태어나는 순간 사주팔자가 정해진다는 말이 있습니다. 태어나면서 첫 호흡을 하는 순간 자연의 에너지와 일치하는 사주팔자를 가지게 된다는 뜻입니다. 한 사람의 인생의 얼개가 결정되는 것이지요. 이때 인간과 자연 에너지의 상호작용에 의해 몇 가지 인생트랙이 주어집니다. 이 인생트랙이 어떤 사람에게는 2개, 어떤 사람에게는 3개 등 사람마다 가짓수가 다릅니다. 그리고 누구에게나 최고의 인생트랙과 최저의 인생트랙이 있다는 사실을 기억해야 합니다.

물론 최고의 인생트랙에 있다고 해서 가만히 있는데 로또 1등에 당첨된다든지, 원하는 대로 모든 것이 이루어진다는 것을 의미하지는 않습니다. 최저의 인생트랙에 있다고 해서 반드시 비참한 노숙자의 삶을 살아가는 것도 아닙니다. 최고의 인생트랙과 최저의 인생트랙의 차이는 삶의 효율성에 있습니다. 행운을 누리는 삶이란 최소의 노력으로 최대의 결과를 거두는 것이지요.

우리가 좋아하는 축구 경기에서 잘하는 선수와 못하는 선수의 차이는 무엇일까요? 사람을 따라가느냐 축구공을 따라가느냐의 차이입니다. 축구 경기에서 공은 놓쳐도 사람은 놓치지 말라는 말이 있습니다. 경기 시간 내내 죽자고 축구공을 따라다니지만 한 번도 공을 차지 못하는 선수가 있습니다. 반면에 축구를 잘하는 스타급 선수는 사람을 놓치지 않고, 또 정확하게 공이 오는 길목에서 기다립니다. 그리고 스스로 기회를 만들고, 또 기회를 잡으면 결코 놓치는 법이 없습니다. 공을 잡으면 끈질긴 집념과 투혼을 발휘해 골로 연결해내지요.

최고의 인생트랙에 올라탄다는 것은 무엇을 의미할까요? 바로 당신에게 주어진 삶의 효율성을 높이고, 그로 인해 스스로 삶에 대한 성취감과 만족감을 가지게 된다는 의미입니다. 다른 인생트랙을 선택했다면 결코 만나지 못할 귀한 인연을 만나 사랑하고 사랑받으며 행복한 삶을 살아간답니다. 그리고 다른 인생트랙을 걸을 때와 비교해 재물의 크기, 명예의 높낮이, 인생의 만족도에서 큰 차이를 보이게 됩니다.

제가 가지고 있는 5만여 명의 운명 데이터를 들여다보면, 최고의 인생트랙을 걷고 있는 사람은 전 세계적으로 3%에도 미치지 못합니다. 우리나라로 제한해 살펴보면 이 비율은 더욱 낮아집니다. 안타까운 것은 절반 정도의 사람들이 최저의 인생트랙에서 힘겹게 살아가고 있다는 사실입니다. 자신이 어떤 행운을 누릴 자격이 있는지도 미처 깨닫지 못한 상태에서 노력만큼의 대가를 누리지 못한 채 힘들게 살아가는 것입니다.

자신의 행운을 누리는 행복한 삶

과학적인 원인과 결과의 법칙에 따라 모든 변화는 전조를 보이게 마련입니다. 따라서 보통 사람들이 천시를 알 길은 없지만 자신의 가시적인 변화를 통해 운이 바뀌는 시기를 짐작하는 것은 어느 정도 가능합니다. 운이 변하기 시작한다는 것은 자신의 변화를 전제로 하니까요. 사람들이 운이 좋아지는 시기에 공통적으로 나타나는 특징들은 다음과 같습니다.

1. 자존감과 자신감이 강해진다. – 시련을 견디는 동안 자신에 대한 믿음과 사랑이 자기 안에 충만함을 느낀다.

2. 악연이 끊어진다. – 운이 좋아지기 시작할 때 드러나는 가장 큰 특징 가운데 하나이다. 손해를 끼치거나 나쁜 감정을 불러일으키는 인연이 정리된다.

3. 단점을 인정하되 얽매이지 않는다. – 학력, 외모, 재산, 인맥 등 자신의 부족한 부분을 인정하고 받아들인다. 하지만 이로 인해 자신의 가능성을 스스로 제한하지는 않는다.

4. 상대에게 큰 기대를 하지 않는다. – 외부 사람에 대한 의존도가 크게 줄어듦을 느낀다. 다른 사람에게 의지하기보다는 자기 중심의 가치 판단과 생활에 만족한다. 도움을 받기보다는 도움을 주는 자신을 자랑스러워한다.

5. 부정적인 감정을 잘 다루게 된다. – 비즈니스의 손실, 동료와의 불화, 건강상의 문제 등에서 생기는 부정적인 감정, 즉 사소한 불안감이나 두려움에 쉽게 휘둘리지 않는다.

6. 새로운 일이 시작될 조짐이 보인다. – 오랫동안 준비했던 일의 성과가 가시권에 들어오기 시작한다. 새 모임에 가입해 새로운 인연을 만나거나 새로운 일의 아이디어가 떠오른다.

7. 고질병의 상태가 좋아진다. – 힘든 일을 겪으면서 얻게 된 위

염, 우울증, 불면증 등이 일시에 낫지는 않지만 이전보다 상태가 개선되고 있음을 확실히 느낀다.

8. 가족에게 변화가 생긴다. – 아이의 출산, 형제의 결혼, 승진과 전직, 재산의 변동 등 집안의 경사가 생긴다.

9. 취향에 변화가 생긴다. – 좋아하는 색깔이 달라진다거나 의상, 헤어스타일, 취미가 자연스럽게 변화한다.

10. 과거에 얽매이지 않고 미래를 향한다. – 과거에 매달려 후회하는 경향이 사라지면서 설레는 마음으로 미래의 꿈에 도전한다.

누구나 최고의 인생트랙에서 자신에게 주어진 행운을 모두 누리며 행복한 삶을 살아갈 자격이 있음을 믿어야 합니다. 불행한 삶을 살기 위해 태어나는 사람은 없습니다. 온 우주의 에너지를 받아 태어나는 모든 생명은 기쁨이고 축복이니까요. 이것이 살아가는 동안 자신의 행복과 행운을 믿어야 하는 이유입니다.

운명학의 가르침도 마찬가지입니다. 행운을 좇기보다는 때를 기다리라고 가르칩니다. 최고의 인생트랙으로 옮겨 갈 수 있는 '결정적 순간'을 기다리라는 뜻입니다. 인생의 구비구비마다 주어지는 선택의 순간에는 늘 '최적의 타이밍'과 '올바른 방향'이 결과를 좌우하니까요. 사람의 만남, 일의 추진, 돈의 문제 등 모

물랭 드 라 갈레트의 무도회, 오귀스트 르누아르, 1876년, 오르세 미술관

여기에서 불행해 보이는 사람은 없습니다. 흥겨운 파티가 벌어진 이곳은 파리코뮌 시절의 처절한 저항의 장소였지요. 그러나 역사의 흔적은 사라지고 행복한 사람만 남았습니다.
누구나 최고의 인생트랙에서 자신에게 주어진 행운을 모두 누리며 행복한 삶을 살아갈 자격이 있음을 믿어야 합니다. 불행한 삶을 살기 위해 태어나는 사람은 없습니다.

두 이 두 가지에 해법이 있습니다. 그리고 이를 현명하게 선택하는 힘은 자신의 내부에 존재하고 있음을 믿어야 합니다.

최적의 타이밍에 최고의 인생트랙으로 옮겨 갔다면 분명 길지 않은 시간에 당신의 삶은 드라마틱하게 변화하게 됩니다. 당신이 자신의 삶에 세세한 신경을 쓸 필요도 없이 운명이 당신을 위해 최고의 것들을 준비해두었으니까요. 당신은 '내 능력과 노력 이상의 행운과 행복을 누리는 것에 감사하다'라는 마음으로 살아가면 됩니다.

자, 최고의 인생트랙으로 올라갈 준비가 되셨나요? 이제 당신 앞에는 더 큰 행운이 기다리고 있습니다.

운의 원리 – 행운을 좇기보다는 때를 기다려라.

20% 사람들은 50~60대가 전성기

"제가 이 나이에 그걸 해낼 수 있을까요?"

"부자가 될 운명이었다면 진작 되었겠지요. 돈은 젊었을 때 벌어야지. 나이 먹어서 무슨 수로 돈을 벌 수 있을까요?"

"새로 일을 시작하려고 해도 엄두가 나지 않습니다. 젊은 사람들도 취직을 하기가 어려운데 저같이 은퇴한 사람이 갈 만한 직장이 있을까요?"

요즘 50~60대의 고객을 상담할 때 많이 듣는 질문입니다. 나이에 대한 세상의 고정관념이 마음을 점령하고 있는 경우이지요. "나는 늦었어", "나는 나이가 많아", "인생을 정리할 나이에 무슨?" 등등 자신의 미래에 대한 가능성을 아예 차단해버리는 말들도 자주 듣게 됩니다. '나이'라는 울타리 속에 자신을 가둔 채 밖으로 나오기를 거부하는 것입니다.

그러나 운명학 전문가로서 자신 있게 말씀드릴 수 있는 것은, 그 울타리 밖에는 많은 행운이 당신을 기다리고 있다는 사실입니다. 70대가 되었다고 겨울만 계속되는 것은 아니지요. 반드시 봄은 오게 되어 있습니다. 좋은 운 역시 70세가 되든 80세가 되든 때가 되면 오고야 맙니다. 심지어 제가 연구한 바에 의하면 약 20%의 사람들은 50~60대에 인생의 최전성기를 누리게 된답니다. 제가 안타깝게 생각하는 것은, 스스로 행운의 문을 닫아버리는 바람에 좋은 운이 문밖에서 서성거릴 뿐 들어오지 못한다는 것입니다.

제 고객들 가운데 인생 2막을 화려하게 시작하는 사람들이 많습니다. 은행 지점장 출신으로 50대 후반에 정부투자기관의 감사로 재취업에 성공한 S씨, 60대 초반에 부동산 투자를 시작해 10년 만에 5층 빌딩의 주인이 된 H씨, 언론사 기자 출신으로 60대 중반의 나이에 여행작가로 활발하게 활동하는 P씨 등은 나이로 자신을 평가하지 않는다는 공통점을 가지고 있습니다. "나이 때문에 못해!"라는 고정관념을 단호히 거부하는 그들에게 나이는 단지 숫자에 불과할 뿐이랍니다.

"이 나이에 어디 갈 데가 있을까요? 평생을 바쳐 일했는데 이런 취급을 받다니요? 체면 불고하고 버텨보려고 하지만 쉽지가 않네요."

첫 직장에서 25년을 근무하며 나름대로 능력을 인정받았다는 O씨. 그가 모시던 회사의 오너가 갑작스럽게 병환으로 쓰러지면서 2세가 가업을 승계했습니다. 새로운 오너 체제에서 그는 한직으로 밀려났다며 분통을 터뜨렸습니다. 그냥 무작정 버티기도 힘들고, 그렇다고 사표를 내기도 어려운 처지에서 컨설팅을 요청한 것이었지요.

"지금은 직업 인생에서 2막이 시작되는 시기입니다. 운이 바뀔 때는 여러 가지 일들이 한꺼번에 일어나지요. 특히 큰 행운이 올수록 직전에는 크게 힘든 일이 일어나 마음을 힘들게 한답니다. 이번에는 떠날 때가 되었습니다, 라는 신호가 온 것입니다. 이런 때일수록 자신에게 주어진 상황을 인정하고 받아들이는 자세가 중요합니다.

반년이 지나지 않아 훨씬 큰 만족감을 느낄 수 있는 새로운 곳에서 직장 생활을 시작하시게 됩니다. 경제적인 대우 역시 두 계단쯤 올라갈 거고요. 흐르는 물에 몸을 맡긴다고 생각하세요. 한차례 소용돌이가 지나가면 주위가 이전보다 더 아름다운 풍경으로 변해 있을 겁니다."

마음을 정리하고 다니던 회사를 그만둔 O씨는 정확하게 3개월 만에 재취업에 성공했습니다. 입사가 결정된 회사의 대표이사와는 업무와 관련된 학회에 참가했을 때 몇 번 인사를 나눈 인연이 결정적으로 작용했다고 하네요. 그때 좋은 인상을 남긴 덕분인지, 채용 공고가 전무 직급으로 났는데 면접하는 자리에서 부사장으로 채용하는 특전(?)을 베풀었다는 것입니다. 나중에 회사 내의 주요 간부들과 비즈니스 궁합을 상담하기 위해 찾아온 그의 얼굴은 활짝 핀 꽃의 기운을 느끼게 했습니다.

"25년을 넘게 직장 생활을 했는데 요즘처럼 신 나게 일하기는 처음입니다. 회사에 가고 싶어 새벽부터 눈이 떠진다니까요. 회장님과 궁합이 잘 맞는지, 일도 기대 이상으로 잘 굴러가고 있습니다."

가수 오승근은 60세 넘어 '국민가수' 등극

그동안 다양한 고객들을 상담하며 연령대별로 추구하는 것에 차이가 있음을 느꼈습니다. 20~30대는 자신의 운을 활용하여 더 빨리 그리고 더 크게 성공을 성취하는 데 관심을 기울이지요. 그리고 50~60대 이후는 자신의 성취를 어떻게 지키고 누구와 나눌 것인지에 대해 주목한답니다. 나아가 70~80대의 고객을 상담하다 보면 마음이 가는 방향과 운이 움직이는 방향이 일치하고 있음을 보게 됩니다. 공자가 70세에 이르렀다는 종심소욕불유구(從心所慾不踰矩)의 경지랄까요. 마음이 가는 대로 움직여도 세상의 이치에 어긋남이 없습니다.

운이 좋은 사람은 나이가 들수록 몸의 근육량은 감소하지만 마음의 근육은 점점 자리를 잡아가는 것이 아닌가 합니다. 따라서 같은 양의 운이라도 오히려 50~60대 이후의 사람들이 더욱 잘 활용하는 사례를 종종 보게 됩니다. 단, 자신에게 여전히 행운을 누릴 자격이 있다는 사실을 믿는 마음의 자세가 되어 있어야 가능한 일이랍니다.

삼성그룹의 고 이병철 회장이 1983년 도쿄선언을 하면서 반도체 사업에 뛰어들 때가 73세였습니다. 당시 심경을 자서전 《호암자전》에 "내 나이 73세, 비록 인생의 만기晚期이지만 이 나라의 백년대계를 위해서 어렵더라도 전력투구를 해야 할 때가 왔다"라고 적었습니다. 일흔을 훌쩍 넘긴 나이에 자신의 인생과 회사의 명운을 건 도전에 나선 것이지요. 이 도전이야말로 삼성을 세계 일류 기업으로 만들고, 한국을 반도체 강국으로 우뚝 서게 만든 초석이 되었답니다.

행운과 불운은 나이를 따져서 오고 가는 게 아닙니다. 젊어서는 행운만 누리고, 늙어서는 불운만 경험할 리도 없습니다. 당연히 나이를 먹었다고 해서 자연적으로 행운의 양이 줄어드는 법도 없습니다. 가수 오승근의 경우 60세가 넘어서 부른 '내 나이가 어때서'라는 노래가 전 국민의 애창곡이 되었습니다. 그는 이 노래가 공전의 히트를 치면서 인생 만년에 '국민가수'라는 영예로운 칭호까지 얻게 되었지요. 노래의 가사와 가락에 좋은 기운이 느껴져 소개하려고 합니다.

'야 야 야 내 나이가 어때서

아이리스, 빈센트 반 고흐, 1889년, 폴 게티 미술관, 로스앤젤레스

꽃말은 기쁜 소식입니다. 고흐가 생레미 정신병원에 있으면서 그린 그림으로, 병원의 정원에
가득한 아이리스는 그의 불안감을 달래주는 안식의 꽃이었습니다.
젊어서는 행운만 누리고 늙어서는 불운만 경험할 리가 없습니다. 행운과 불운은 나이를 따져
서 오고 가는 것이 아니니까요.

사랑의 나이가 있나요

마음은 하나요 느낌도 하나요

그대만이 정말 내 사랑인데

눈물이 나네요 내 나이가 어때서

사랑하기 딱 좋은 나인데

어느 날 우연히 거울 속에 비춰진

내 모습을 바라보면서 세월아 비켜라

내 나이가 어때서 사랑하기 딱 좋은 나인데'

따라 부르다 보면 절로 흥이 나는 노래입니다. '사랑'이라는 노랫말 대신 '행운'으로 바꿔 불러도 전혀 이상할 게 없습니다. 사랑도 행운도 사람을 행복하게 만드는 특별한 힘이 있기는 마찬가지니까요. 마음껏 큰 소리로 세상을 향해 외쳐보세요.

"세월아 비켜라. 내 나이가 어때서. 행운을 누리기 딱 좋은 나인데."

운의 원리 – 행운과 불운은 나이를 따져서 오가는 것이 아니다.

행운은 타이밍과
방향이 결정한다

우리가 일상적으로 사용하는 운이 좋다는 말은 무슨 의미일까요? 감나무 밑에 있는데 입을 벌리자마자 감이 떨어졌을 때, 아니면 로또 복권을 구입했는데 1등에 당첨됐을 때를 의미할까요? 물론 횡재수도 운의 영역에 속하기는 합니다. 그러나 횡재수는 바로 손재수로 이어져 패가망신하는 경우가 비일비재하지요.

여기서는 느닷없이 얻고 잃는 횡재수보다는 운의 일반적인 인과관계를 다루려고 합니다. 뿌린 대로 거둔다는 것이 자연의 법칙이니까요. 운명학 역시 자연의 법칙에서 한 치도 벗어나지 않는 과학의 영역입니다.

운에서 방향과 타이밍의 인과관계

운명학에서 운이 좋다는 의미는 '삶의 효율성이 높다'라는 의미로 받아들여야 합니다. 운이 좋은 사람은 스스로 노력하고 기대했던 것 이상으로 결과를 만들어냅니다. 자신의 능력과 노력에 비해 더 많은 돈과 명예가 따르고, 어려움에 처했을 때도 좋은 인연을 만나 쉽게 난관을 벗어나는 경우가 많습니다. 그렇다고 노력을 하지 말라거나 되는대로 살아가라는 뜻은 결코 아닙니다.

운이 좋은 사람은 기대 이상의 결과를 얻었을 때 자신을 공치사하기보다는 다른 사람의 공으로 돌립니다. 이렇게 항상 감사하는 마음을 키우고, 그것이 더 좋은 인연과 기회로 연결되어 다시 좋은 결과를 낳는 운의 선순환 구조를 만들어간답니다. 말 그대로 행운이 행운을 부르는 셈이지요.

운이 좋은 사람에게는 공통적으로 두 가지 특성이 있습니다. 하나는 올바른 방향으로 나아가는 것이고, 하나는 적절한 타이밍을 선택하는 것입니다. 방향과 타이밍의 조합, 이것이 운명학에서 다루는 행운의 제1 법칙입니다. 여기에서 운의 방향과 타이밍의 인과관계를 살피고 밝히는 게 운명학이지요.

먼저 운명학에서 말하는 방향의 의미를 풀이해볼까요? 개개인의 삶은 일반적으로 어떤 경향성을 보여줍니다. 각자의 명과 운이 결합하면서 하나의 방향성을 가지게 되는 것이지요. 여기서 하나의 방향성이라는 표현은 자신에게 주어진, 그리고 자신이 만들어가는 삶의 태도라는 의미입니다. 우리 앞에는 언제나 한 갈래 길만 직선으로 놓여 있는 게 아닙니다. 굽이굽이마다 몇 갈래의 선택지들이 주어지고, 그 가운데 하나를 선택하면서 곡선의 삶을 살아가는 것이랍니다.

운명학에서 가장 중요시하는 게 타이밍입니다. 바로 선택의 시간이지요. 같은 방향, 같은 길을 선택하더라도 타이밍에 따라 결과는 천양지차입니다. 아무리 좋은 방향이라도 나쁜 타이밍에 선택한다면 좋지 않은 결과를 가져오게 마련이지요.

방향과 타이밍의 인과관계를 '사다리 타기 게임'에 비유해 설명해보겠습니다. 원래 사다리 타기 게임은 하나의 선택지를 정하면 일정한 방향으로 진행하고, 세로선과 가로선이 만나는 교점에서 무조건 90도 각도로 방향을 꺾어야 합니다. 그러고는 다음 선택의 순간이 오기까지 일정 기간 동안 정해진 행로를 따라가게 되어 있습니다. 이때는 스스로의 의지로 제어할 수 없는 여러 가지 상황들에 직면하게 되고, 우리는 받아들여야만 하는 수

동적인 입장에 놓이게 되지요. 그러면서 다음 선택을 준비하는 시간을 갖게 됩니다.

단, 사다리 타기 게임에서는 선이 고정되어 있지만, 우리가 살아가는 인생은 가로선이 랜덤하게 위아래를 오르내리는 엘리베이터에 비유할 수 있습니다. 엘리베이터가 올라갈 때 옮겨 타느냐, 내려올 때 옮겨 타느냐에 따라 운명이 엇갈리는 것이지요. 이것이 바로 운명학에서 말하는 타이밍의 개념입니다.

올바른 방향이라도 나쁜 타이밍에 선택한다면 내리막길에서 힘든 시간을 보내게 되고, 좋은 타이밍에 선택해 올라가는 엘리베이터에 옮겨 탄다면 기대 이상의 결과를 수확하는 행운을 누리게 된답니다. 나쁜 방향이라 할지라도 좋은 타이밍에 선택을 하면 손실을 크게 줄이는 결과를 가져오게 되는 것도 같은 이치입니다.

가장 좋은 선택은 언제나 하나이다

일상생활에서 부동산 거래를 하나의 예로 들어보겠습니다. 여기 이사를 하고 싶은데 집이 안 팔려 고민인 사람이 있습니다.

누구나 원하는 시기에 원하는 가격으로 부동산 거래를 하고 싶어 하지요. 원하는 결과를 얻으려면 어떻게 해야 할까요?

먼저 가장 중요한 전제 조건은, 소유하고 있는 부동산이 이익을 볼 수 있는 타이밍에 구입했어야 한다는 것입니다. 아울러 자신의 재운에 맞는 종류의 부동산을 가지고 있는가 역시 중요한 요건이 됩니다. 만약 그렇지 못하다면 좋은 거래자를 만날 수 있는 타이밍에 부동산을 내놓아야 합니다. 처음 두 가지 조건 가운데 하나라도 충족되면 부동산 거래에서 어느 정도 수익을 거둘수가 있으며, 그렇지 않다 하더라도 세 번째 조건이 충족되면 최소한 손실은 피할 수 있습니다. 부동산 거래가 이루어질 타이밍이 아닌데 부동산을 팔려고 애를 쓴다면 거래가 성사되지 않을뿐 아니라, 설사 거래가 되더라도 손해를 보는 경우가 대부분이지요.

주어진 몇 가지 선택지 사이에서 당신은 도표까지 만들며 고민을 할지 모릅니다. 그리고 마침내 선택한 뒤 "어떤 길을 택해도 비슷했을 거야" 또는 "그땐 그렇게 선택할 수밖에 없었어"라고 말하곤 하지요. 혹자는 "그래, 결국 그 길을 택할 운명이었던거지"라고까지 말합니다.

그러나 운명학적인 진실은, 여러 선택지 사이에서 가장 좋은

무지개, 콘스탄틴 안드레예비치 소모프, 1919년, 프라이빗 컬렉션

일생 동안 우리는 무지개를 몇 번이나 볼까요? 자연 현상이 빚어내는 특별히 아름다운 풍경인 무지개를 싫어하는 사람은 없을 겁니다.
'무지개를 보려면 비를 견뎌야 한다'라는 말이 있습니다. 당신의 인생에 세차게 뿌리는 소나기가 지난 다음에는 행운의 무지개가 찬란하게 떠오를 겁니다.

길은 하나이며, 당신은 선택할 권리가 있고, 그 선택에 따라 운명을 바꿀 수 있다는 것입니다. 행복과 성공이라는 목적을 이루기 위해 당신이 택해야 하는 길이 무엇인지 운명학적으로 살펴보면 그 타이밍과 방향이 분명하게 나와 있습니다. 과연 지금 회사를 옮겨야 하는지, 옮긴다면 어떤 종류의 회사인지, 현재 사귀는 친구와 결혼하는 것이 맞는지, 부동산을 사야 하는지 말아야 하는지, 산다면 어떤 종류의 부동산인지 등에 대한 답은 언제나 명쾌하답니다.

운의 원리 – 올바른 방향으로 나아가고, 적절한 타이밍에 선택하라.

3장
가족운을
말한다

부모와 자식은
화이부동하라

부모는 나의 전생, 자식은 나의 내생이다

누구는 부잣집에서 태어나 어릴 때부터 호의호식하며 살아가고, 누구는 가난한 집에서 태어나 평생을 허리 한 번 펴지 못하고 살아갑니다.

왜 하필 지금의 부모에게서 태어났을까? 누구나 살아가면서 가슴속에서 수없이 되뇌었을 근원적인 질문 가운데 하나입니다. 쉽게 답을 찾을 수 없는 질문이기는 하지만 운명학의 인연법으로 한번 풀어보겠습니다.

인연법에서 가장 중요하게 여기는 것이 바로 부모와의 인연입니다. 부모는 자신에게 생명의 근원이고, 생의 시작이기도 하니까요. 인도 점성술에서는 "자신의 영혼이 자신의 부모를 선택한다"라고 말합니다. 자신의 영혼이 진화하기 가장 좋은 환경을 제공하는 부모를 스스로 선택한다는 뜻입니다. 나의 행운을 꽃피우기에 가장 알맞은 사람을 부모로 맞이하여 태어나는 셈이지요.

부모는 자신의 전생이고, 자식은 자신의 내생이라는 말이 있습니다. 우리가 현생에서 볼 수 있는 삶의 윤회라 할 만하지요. 이처럼 부모와 자식은 질긴 인연의 끈으로 이어져 있지만 운명학의 가르침은 다름 아닌 화이부동和而不同입니다. 서로 화합하되 다름을 인정하고 살아야 타고난 복과 행운을 온전히 다 누릴 수 있다는 것입니다.

부모와 자식은 서로 많은 것을 주고받습니다. 외모, 기질, 재능, 심지어는 가치관까지 그대로 물려받기도 하지요. 그러나 부모와 자식 간의 지나친 동일시는 서로에게 불행의 화근이 된다는 사실을 명심해야 합니다.

외과의인 B씨는 내과의인 남편과 함께 꽤 규모가 큰 종합병원을 경영하고 있습니다. 맨손으로 시작해 자수성가한 남편은 아들을 의사로 만들어 자신의 병원을 물려주겠다는 생각이 강했습니다.

자신이 의사를 천직으로 알고 살아온 만큼 아들이 의사가 되는 것이 지극히 당연하다고 생각했습니다. 아들의 생각이나 적성은 고려 사항이 아니었습니다. 건축에 관심이 있었던 아들은 아버지의 강권에 못 이겨 결국 지방대 의대로 진학했습니다.

그런데 의과대학에 간 후 아들이 조금씩 이상 증세를 보이기 시작했습니다. B씨는 걱정이 되기는 했지만 공부가 하기 싫어 반항하는 것으로 받아들였지요. 시간이 지나면 나아지겠지 했던 아들은 2학년이 된 후 자해를 하는 등 정신분열 증세를 보이기 시작했습니다. B씨와 함께 상담하기 위해 방문한 아들의 모습은 한눈에 봐도 정상이 아니란 걸 알 수 있을 정도로 심각한 상태였습니다.

"당장 학교를 그만두게 해야 합니다. 아드님의 적성은 의대 쪽이 아니에요. 지금이라도 늦지 않았으니 건축학과로 진로를 바꾸는 게 좋습니다. 설계 분야에서 재능을 발휘할 수 있을 겁니다. 물론 마음의 병은 내년 상반기 안에 좋아질 거고요."

다소 망설이는 태도를 보이는 B씨에게 단호하게 말했습니다. 지금 결단을 내리지 않으면 아들을 망치게 될 거라고. 곁에서 아무 말 없이 지켜보던 아들의 두 눈에서 눈물이 흘러내리기 시작했습니다. 아들의 눈물이 엄마의 마음을 움직였는지, B씨는 남편을 설득해 학교를 그만두게 하겠노라고 다짐했습니다.

아들은 의대를 관두는 것만으로도 마음의 짐을 벗었는지, 정신과 치료를 받으면서 증세가 호전되어 군대 복무까지 무사히 마쳤습니다. 제대 후에는 다시 공부를 시작해 명문대 건축학과에 진학했지요. 그리고 졸업한 다음 건축설계 회사에 취업해 자기 적성에 맞는 일을 찾았습니다. 다만, 나중에 궁합을 의뢰한 신붓감의 직업은 외과 의사였다는 후일담을 전합니다.

제 경험에 따르면 부모와 자식이 각각 타고난 그릇의 크기를 기준으로 운의 상관관계를 살피는 것이 가장 좋은 결과를 낳습니다.

예를 들어 우선 각자 그릇의 크기를 파악한 다음, 운의 흐름을 살펴 그에 따른 처신과 대처법을 결정합니다. 언제나 큰 것이 작은 것을 품는 게 세상살이의 이치이지요. 부모와 자식 사이라 해서 다를 건 없습니다.

부모와 자식이 주고받는 운의 상관관계

부모와 자식이 주고받는 운의 상관관계를 각각 그릇의 크기에 따라 다음의 3가지로 나누어 볼 수 있습니다.

첫째, 자식이 부모보다 그릇이 큰 경우입니다.

이때는 부모가 자식을 자신의 품 안에서 계속 키우겠다고 고집해서는 안 됩니다. 자칫하면 자식의 정상적인 성장을 가로막거나, 아니면 자식이 부모에게 큰 상처를 남기게 되니까요. 작은 그릇이 큰 그릇을 품고 있으면 속의 그릇이 크지 못하거나 겉의 그릇이 깨지거나 둘 중의 하나입니다. 흔히 일어나는 부모와 자식의 갈등이지요.

자식이 자신보다 그릇이 크다고 생각되면 부모 스스로 자식의 성장을 돕는 밑거름이 되어야 합니다. 자신의 길을 스스로 선택하고, 또 자신의 성장을 스스로 도모할 수 있는 그릇이니까요. 단, 대기만성이란 말 그대로 때로 큰 그릇이 되는 데는 많은 시간이 필요할 때도 있답니다. 이 경우 10대에 학교 성적이 좋지 않거나, 20대에 사회 진출할 때 어려움을 겪기도 하지요. 이때 부모의 조바심으로 인해 자식과의 사이가 나빠지거나, 잘못된 선택을 강요하지 않도록 조심해야 합니다.

둘째, 자식과 부모가 그릇의 크기가 비슷한 경우입니다.

이때는 자식이 부모가 살아온 삶을 그대로 따라가는 패턴을 보이는 경우가 많습니다. 자식이 성장한 이후 사회경제적 수준도 비슷하기 때문에 부모의 경험이나 조언을 살아가는 데 지침으로 삼을 수 있습니다. 부모를 통해 자신의 미래를 볼 수 있으니까요.

물론 자식과 부모가 완벽하게 일치하는 삶을 살아간다는 건 불가능하고 올바르지도 않지요. 자식을 자신의 붕어빵으로 생각하는 바람에 의외의 갈등이 생길 수도 있음을 유념해야 합니다. 우선 서로 다름을 인정한 후 부모의 잘잘못을 교사로 삼으면 자식의 그릇을 쉽게 채우는 데 도움이 됩니다.

셋째, 부모가 자식보다 그릇이 큰 경우입니다.

이 경우는 부모가 자식의 인생에 적극적으로 개입하면서 운을 관리해주는 게 바람직합니다. 우선 '나와 내 배우자는 안 그랬는데 얘는 왜 이럴까?'라는 생각은 버리세요. 부모의 아낌없는 관심과 사랑이 자식의 성장에 필수 요소입니다. 그리고 자식의 단

화가의 어머니, 제임스 맥닐 휘슬러, 1871년, 오르세 미술관

미국 최초의 어머니날 기념우표에 등장한 화가의 출세작입니다. 그림 속의 모델은 자식을 위해 헌신한 어머니의 상징으로 유명하답니다.

앞을 향하고 있는 어머니의 모습에서 자식을 위해 보낸 인고의 세월을 읽을 수 있습니다. "자식은 부모를 울리면서 어른이 된다"라고 하지요. 부모와 자식은 서로 운을 나누는 사이입니다.

점을 파악해 사전에 가지치기를 해줄 필요가 있습니다. 특히 직업 선정과 배우자 선택에 부모의 역할이 아주 중요하답니다.

부모와 자식은 동질적인 존재가 아니라 화합해야 하는 관계입니다. 화이부동의 마음으로 서로 사랑하고 존중한다면 많은 행운과 부를 주고받으며 만복을 누릴 수가 있습니다.

운의 원리 - 부모와 자식은 화합하되 다름을 인정해야 한다.

당신의 기질에 맞는
배우자를 선택하라

기자 : 금요일에 결혼하면 불행해진다는 속설을 믿으시나요?

버나드 쇼 : 물론이지. 금요일이라고 예외일 수는 없지.

19세기의 극작가 버나드 쇼는 21세기의 결혼 풍속도를 예견하고 있었던 걸까요? 예전에 "연애는 선택, 결혼은 필수"라는 말이 유행했다면 요즘은 "연애는 필수, 결혼은 선택"이라는 말이 대세입니다. 결혼이 점차 삶의 우선순위에서 밀리는 것이지요. 실제로도 남녀의 평균 결혼 연령이 점점 늦어지고 있습니다. 자연수명이 길어지고, 또 남성의 경제 문제와 여성의 사회 활동

등 여러 가지 요인들이 복합적으로 작용하는 탓이겠지요. 이처럼 결혼의 필요성을 느끼지 못하거나, 아예 결혼하지 않겠다는 사람도 많아지고 있습니다. 그럼에도 불구하고 결혼하지 않아야 하는 이유보다 결혼해야 하는 이유가 여전히 많은 게 현실입니다.

연애운과 결혼운은 다르다

제가 상담하는 부모님들도 한결같이 자녀의 결혼이 최대 관심사 가운데 하나입니다. "우리 아이의 천생배필은 언제 만날까요?" 또는 "지금 사귀고 있는 이성 친구와의 궁합은 어떤가요?" 등의 질문이 주류를 이루고 있지요. 죽도록 사랑해서 결혼한 부부가 헤어지기도 하고, 사랑 없이 조건에 맞춰 결혼한 부부가 행복하게 해로하기도 하는 주위의 사례들을 보며 이른바 '결혼 시기'와 '궁합'의 중요성을 깨닫게 된 것입니다.

운명학적으로 궁합이 좋은 배우자를 만난다는 것은, 원하는 것을 쉽고 빠르게 얻을 수 있을 뿐 아니라 원치 않는 사건들을 피해 갈 수 있는 첩경입니다. '결혼을 잘해서 팔자를 고쳤다'라는 말처럼, 이른바 귀인을 배우자로 맞이한다면 타고난 사주 이상으로 행운을 얻게 되지요. 부부가 서로에게 귀인이 되어준다면 그야말로 금상첨화, 운명학적으로도 시너지 효과가 발생하게 될 겁니다.

운명학 전문가로서 2만 쌍 이상의 결혼운과 그 추이를 살펴본 결과, 배우자를 선택하는 데 가장 유념해야 할 것은 자신의 성향과 기질입니다. 나의 기질을 알고 이에 맞는 사람과 결혼할 경우, 찰떡궁합까지는 아니더라도 최소한 불행한 결혼 생활을 하지는 않습니다. 이것은 사업에서 동업자를 찾는 기준과도 비슷한 면이 있지요. 그런데 배우자를 선택하는 기준과는 달리 열정적인 연인으로 만나는 데는 기질이 크게 중요하지 않습니다. 이 대목에서 연애운과 결혼운은 운명학적 판단 기준이 달라진답니다. 즉, 운명학적으로 볼 때 좋은 연인과 좋은 배우자가 반드시 일치하는 것은 아니라는 이야기입니다.

개인의 기질에 대해 동양의 명리학은 목, 화, 토, 금, 수 등의 음양오행설을 기반으로 하고, 서양의 점성학은 불, 물, 공기, 흙 등 4원소로 구분하지요. 자연을 구성하는 기본 원소들을 인간의 기질로 나누고, 또 각 원소들의 결합과 해체 등의 변화를 살피면서 인간의 길흉화복을 예측하는 것이랍니다.

이 중 서양 점성학에서 4원소로 구분하는 기질을 설명하기에 적합한 이야기를 하나 소개하려 합니다. 오래전 감명 깊게 본 '송가황조'라는 영화는 송애령, 송경령, 송미령 등 송씨 세 자매를 중심으로 중국 현대사를 다루고 있습니다(본문에 등장하는 사람의 이름은 우리 식 한자 독음으로 표기함). 송씨 세 자매의 이야기는 중국은 물론 우리나라에도 꽤 널리 알려져 있지요. 여기에서는 영화 내용보다는 각기 다른 기질의 소유자인 세 자매가 어떤 남자를 배우자로 선택한 다음 어떤 인생을 살아가는지 운명학적으로 해석해보려고 합니다.

"과거 중국에 세 자매가 있었다. 한 사람은 돈을 사랑했고, 한 사람은 나라를 사랑했고, 한 사람은 권력을 사랑했다."

영화 '송가황조'는 이런 자막으로 시작합니다. 첫째 송애령은 돈을 사랑했고, 둘째 송경령은 나라를 사랑했고, 셋째 송미령은 권력을 사랑했다는 뜻입니다. 송애령은 당시 중국의 대부호 공상희와 결혼하여 경제계를 지배했고, 송경령은 중국의 국부로 추앙받는 손문과 결혼하여 손문의 사상을 계승했으며, 송미령은 중화민국의 총통 장개석과 결혼하여 권력의 최정점에 올랐습니다.

송애령 – 흙의 기질

흙의 기질을 타고났습니다. 흙은 모든 원소 가운데 하나의 형태를 이루기가 가장 수월합니다. 즉, 제한적이고 안정적이며 보수적인 재료입니다. 흙의 기질이 강한 사람 역시 냉정하고 현실적이며, 일단 시작한 일은 눈에 보이는 성공으로 마무리해야 합니다. 상상력이 부족하고 변화를 싫어하는 대신, 수단과 방법을 가리지 않고 눈에 보이는 것을 성취하기 위해 노력합니다. 흙의 기질이 강한 사람들은 경제적 조건을 가장 중요하게 고려하여 결혼하는 것이 바람직합니다.

송애령 역시 본래 아버지의 친구인 손문의 비서로 일하다가 청혼을 받았지만 "이상적 혁명주의에 목숨을 건 몽상가"라며 매몰차게 거절해버리지요. 나중에는 비서의 역할도 동생 송경령에게 넘겨버렸답니다.

그녀는 어느 날 파티에서 공상희를 만났을 때, 그가 대부호인 사실을 알고 아버지에게 "어떻게 하든 간에 저 사람을 소개해주세요"라고 부탁했습니다. 결국 결혼에 성공한 후에는 남편의 재산관리권을 거머쥐고 흔드는 것에 만족하지 못하고, 시댁의 지위를 이용하여 각종 금융 정보를 빼내 자신의 재산을 증식시키는 데 열중했습니다. 심지어 사람을 납치하고 청부업자까지 고용하는 등, 돈을 벌기 위해서 수단과 방법을 가리지 않았습니다. 장개석의 조카 손자인 장효진은 그녀에 대해 이렇게 표현한 바 있습니다. "장개석 위원장의 병은 송미령이 치료할 수 있고, 송미령의 병은 송애령이 치료할 수 있다. 그러나 송애령(돈에 대한 탐욕과 부패)의 병은 아무도 치료할 수 없다."

송경령 – 물의 기질

물의 기질을 타고났습니다. 물은 생명의 근원으로 풍부하고 섬세한 감정을 나타냅니다. 신중하면서 주관적으로 판단하고, 이성보다는 직관에 따라 행동하며, 가족과 사회를 위해 헌신하여 꼭 필요한 사람이 되겠다는 이상을 가지고 있습니다. 물의 기질이 강한 사람은 보이는 것보다는 보이지 않는 사람의 마음을 얻는 것을 중요하게 생각합니다. 물의 기질이 강한 사람이 결혼에 있어 가장 중요하게 고려해야 할 요소는 자신이 추구하는 정신적 가치와 상대방이 얼마나 일치하느냐 하는 것, 즉 상대방에 대한 정신적 사랑과 존경입니다.

학구적이고 검소하고 침착했던 송경령에게 결혼은 단순한 애정의 결실보다는 추구하는 이상의 실현을 뜻했습니다. 손문의 비서로 처음 일하게 되었을 때 그녀가 동생 미령에게 보낸 편지의 구절에서 이를 느낄 수 있습니다. '세상에 태어나 요즈음처럼 행복한 나날을 보낸 적이 없다. 어릴 때부터 꿈속에서나 가능했던 일들이 지금 내게 벌어지고 있다. 나는 중국을 도울 수 있다. 손중산(손문) 선생을 도울 수 있다는 것이 꿈만 같다. 그는 나를 필요로 한다.' 결국 그녀는 26세의 나이 차(손문 49세, 송경령 23세)와 아버지의 완강한 반대를 극복하고 결혼에 이르렀습니다.

많은 나이 차에도 불구하고 이들의 결혼은 서로에게 이상적인 결합이었습니다. 결혼 이후 그녀는 손문의 아내일 뿐 아니라 비서이자 혁명의 동지로서 남편의 곁을 지키며 정치를 배우고 혁명을 실천했습니다.

10여 년에 불과했던 결혼 생활 후 손문이 타계했지만 그녀는 1920년대 손문의 삼민주의 사상의 계승자로서 위치를 확고히 했습니다. 그녀 자신이 중국을 이끄는 정치가이자 사상가로 우뚝 성장하게 된 것입니다. 손문의 후계자인 장개석과 정치적으로 대립한 다음에는 중국으로 건너가 중화인민공화국의 부주석을 두 차례나 역임하기도 했습니다.

송미령 – 불의 기질

불의 기질을 타고났습니다. 타오르는 불처럼 정열이 넘치고 행동력이 있으며, 명예와 권력에 대한 욕구가 강한 것이 특징입니다. 성격이 급하고 최고가 되고 싶어 하지만 끈기가 부족하고 뒷마무리에 약합니다. 불의 기질이 강한 사람은 스스로의 힘과 재능을 과시하고 자랑할 수 있을 때 가장 행복을 느낍니다. 따라서 결혼에 있어서 화려한 결혼식, 생활 속의 이벤트, 기념일 등 드라마틱한 일상을 함께 꾸려나갈 수 있는 사람을 선택하는 것이 현명합니다. 아울러 불의 기질이 강한 사람에게는 배우자의 외모, 직업 및 가정환경 등이 남들에게 어떻게 보이는가 하는 것도 매우 중요한 고려 사항입니다. 일명 '트로피 와이프'도 불의 기질이 강한 사람이 선택하는 결혼이지요.

송미령은 화려한 외모와 언변으로 장개석의 마음을 사로잡아 퍼스트레이디의 자리에 올랐습니다. 당시 장개석은 부인이 있었지만 송미령과 결혼하기 위해 이혼을 선택했습니다. 이 결혼에는 누구보다도 동생을 잘 아는 언니 송애령의 부추김도 있었다고 하네요. "너는 장개석과 결혼하는 것이 아니고, 중국을 통치하는 황제와 결혼하는 거야"라는 말은 권력을 추구했던 송미령에게는 거부할 수 없는 유혹이었겠지요. 사실 그녀는 "나에게서 동양적인 것은 나의 얼굴뿐이다"라고 말할 정도로 개방적인 성격이었고, 자신을 드러내는 것에 스스럼이 없었습니다. 성대하게 치러진 결혼식에도 손문의 거대한 사진을 걸어 인척관계를 과시하면서 정치적인 기반을 다지는 데 활용했습니다.

　결혼한 후에는 권력의 전면에 나서 국민당 정부와 미국 정부를 연결하는 데 중요한 역할을 담당했습니다. 외국 여성으로서는 최초로 미국 의회 연설을 하게 된 그녀는 화려한 외모와 달변으로 인기를 끌어 〈타임〉지 표지에 두 번이나 등장하기도 했지요. 대만의 퍼스트레이디가 된 후에도 남편 장개석과 동급의 전용 차량과 사무실을 고집할 만큼 총통급 권력을 행사하는 데 거리낌이 없었습니다.

　시몬 드 보부아르 - 공기의 기질

　공기의 기질을 타고났습니다. 공기는 사방에 퍼져 있지만 조절하거나 통제할 수 없습니다. 공기의 기질을 가진 사람은 구속과 속박을 천성적으로 거부하며 자유를 추구합니다. 또한 바람이 꽃씨를 옮기듯 공기는 운송의 원동력입니다. 그래서 전달과 커뮤니케이션, 즉 대화와 소통에 지대한 관심을 갖습니다. 공기의 기질이 강한 사람들은 헌신과 인내, 안정을 특성으로 하는 결혼 제도 자체에 큰 매력을 느끼지 못하는 경우가 많습니다. 이들이 결혼할 경우 배우자는 소통이 잘되는 친구나 동료가 되어줄 수 있어야 합니다. 또한 적절한 자기만의 공간과 시간을 배우자가 충분히 배려해줄 수 있어야 원만한 결혼 생활이 가능하답니다.

실존주의 철학의 거두 장 폴 사르트르와, 페미니즘의 성서로 불리는《제2의 성》의 저자 시몬 드 보부아르의 계약결혼은 공기의 기질을 타고난 사람들이 추구하는 결혼 생활의 극단적인 모습을 보여줍니다. 1929년 사르트르가 보부아르에게 제안한 계약결혼은 둘의 결합을 외적인 속박이나 관습에 얽매지 않도록 노력할 것, 둘 사이에 거짓말을 하지 말고 숨기지도 않을 것 등을 결혼 조건으로 내세웠습니다. 그들은 심지어 서로의 혼외정사를 자세히 적어 편지로 보내기도 하는 등 파격적인 개방결혼으로 화제가 되었지요. 이들의 관계는 약속대로 죽음이 그들을 갈라놓을 때까지 평생 지속되었습니다.

공기의 기질을 대표하는 특징 가운데 하나인 대화는 그들의 관계에서 매우 중요한 역할을 했습니다. 보부아르는 사르트르의 죽음을 "다시는 내게 말을 걸지 않는 것"이라 정의했고, 두 사람의 관계에 대해서는 "그와 나 사이에는 항상 말이 있었어요"라는 말로 정의했습니다. 사르트르 역시 보부아르에 대해 "그녀는 내가 가장 사랑하는 여성이면서 나보다 더 심오한 지식과 철학을 가진 완벽한 대화자입니다"라는 말을 남겼습니다.

뷔카스타프는 "우리는 타인이 아니라 자신을 기쁘게 하기 위해 결혼해야 한다"라는 말로 결혼의 의미를 표현했습니다. 놀랍게도 많은 사람들이 자신이 어떤 사람과 함께할 때 진심으로 기쁜지 알지 못합니다. 늘 초점이 타인에게 맞추어져 있기 때문에, 자기 자신이 누구인지를 모르는 상태에서 배우자를 선택하지요. 배우자가 어떤 기질인지도 모르고, 또 스스로는 자기 자신을 표현하는 데 서툴기 때문에 행복한 결혼 생활을 영위하기가 힘들답니다.

행복한 결혼 생활의 전제는 당신이 누구인지를 아는 것입니다. 그런 다음에 당신의 기질에 맞는, 그리고 당신이 가장 원하는 것을 충족해줄 수 있는 사람을 배우자로 선택하는 것이 바람직합니다. 부자를 배우자로 원하면서 명예만을 가진 사람을 선택한다면 불행한 결혼 생활을 예고하는 것이나 마찬가지입니다. 게다가 자신이 원하는 부자와 결혼해놓고 권력이나 명예까지 원하는 우를 범하지는 않아야 합니다.

아르놀피니의 결혼, 얀 반 에이크, 1434년. 런던 내셔널갤러리

플랑드르의 부유한 상인 집안에서 치러진, 나이 많고 돈 많은 늙은이와 어린 신부의 결혼식입니다. 원형 볼록 거울 가장자리의 그림 10개는 그리스도의 수난을 그린 것인데, 삶의 고통을 뜻하기도 합니다.

당신의 기질에 맞는, 그리고 당신이 가장 원하는 것을 충족해줄 수 있는 사람을 배우자로 선택하는 것이 바람직하답니다. 세상에 완벽한 사람은 없습니다.

자신이 완벽한 사람이 아니듯 배우자도 완벽한 사람이 될 수 없음을 인정하고 받아들이는 것이 행복한 결혼 생활의 시작입니다.

운의 원리 – 당신의 기질을 알고, 기질에 맞는 배우자를 선택한다.

형제끼리는 DNA와 사주팔자가 다르다

같은 가정에서 태어난 형제들인데도 왜 서로 다른 인생을 살아가게 될까요? 형제의 인연과 운은 여러 가지 면에서 살펴보아야 합니다. 아무리 부모가 같은 형제라고 하더라도 생물학적 DNA가 다르고, 운명학적 사주팔자가 다르니까요.

먼저 운명학적 관점에서 한번 살펴볼까요? 형제는 같은 부모로부터 태어나지만 각각의 사주팔자는 다르지요. 부모가 같지만 부모의 운에도 이미 첫째 자녀와 둘째 자녀의 성격과 인생은 다르게 나와 있습니다. 또한 각자 태어난 연월일시가 다른 까닭에 서로 다른 사주팔자를 가지게 됩니다. 살아가며 각기 다른 배우자를 만남에 따라 형제들 간의 차이는 점점 더 크게 벌어지지요.

생물학적 DNA라는 관점에서도 마찬가지입니다. 형제들의 DNA는 유사성과 차이점을 동시에 가지고 있습니다. 얼굴 등 생김새와 타고난 기질에 비슷한 점이 있기도 하고, 다른 점이 있기도 하니까요. 그래서 형제들 가운데 공부를 잘하는 아이가 있고, 운동을 잘하는 아이가 있고, 예능에 소질이 뛰어난 아이가 있습니다. 이렇게 서로 다른 DNA를 가지고 태어난 형제들이 자라면서 만나는 사람이나 환경에 따라 서로 다른 인생의 궤적을 그리게 된답니다.

우리나라에서 상영되어 1천만 명 이상이 관람한 만화영화 '겨울왕국'은 엘사 공주와 안나 공주 자매의 우정과 사랑을 그린 이야기입니다. 자매가 서로에게 주어진 운명의 소용돌이를 헤쳐 나가면서 진정한 사랑을 완성한다는 해피엔딩으로 결말을 맺지요. 자, 여기서 '겨울왕국'을 통해 자매운(형제운)의 의미를 한번 살펴볼까요?

아렌델 왕국의 공주 엘사와 안나는 어릴 적부터 둘도 없는 친구처럼 친하게 지냈습니다. 하지만 언니 엘사는 손에 닿는 모든 것을 얼려버리는 마법의 힘을 가지고 있었습니다. 어느 날 밤, 엘사는 안나와 놀다가 자신의 초능력으로 인해 동생 안나에게 상처를 입히게 되지요. 깜짝 놀란 아렌델 왕국의 왕과 왕비는 고심 끝에 두 딸을 떼어놓기로 결정합니다. 이 일로 충격을 받은 엘사도 안나를 보호하기 위해 자신만의 방에서 혼자 시간을 보내며 성장하게 됩니다. 형제운이 좋은 사람이라 하여 언제나 행복한 시간만 있는 것은 아닙니다. 커가는 도중에 싸울 수도 있고, 이해와 소통의 부족으로 단절되는 상황이 생길 수도 있습니다.

엘사와 안나가 어엿한 10대 소녀가 되었을 때 아렌델 왕국의 왕과 왕비는 다른 나라로 가던 길에 바다에서 폭풍우를 만나 세상을 떠나게 됩니다. 몇 년 후 어른이 된 언니 엘사가 여왕의 자리에 오르는 대관식을 준비하는 날, 동생 안나가 진정한 사랑을 만났다며 한스 왕자를 소개합니다. 그리고 두 사람의 약혼을 허락해달라고 부탁하지만 엘사는 단호하게 반대합니다. 안나와 실랑이를 하는 동안 감정이 격해진 엘사는 자신도 모르게 순간적으로 마법을 사용하게 되고, 궁중에 모인 모든 사람들에게 비밀이 탄로납니다.

이 일로 충격을 받은 엘사는 북쪽의 산으로 피신하고, 왕국도 온통 얼음으로 뒤덮인 겨울왕국으로 변해버립니다. 북쪽의 산에 도착한 엘사는 그곳에서 자신만의 얼음왕국을 만들고 혼자 살기로 결심합니다. 한편 안나도 이 사건으로 인해 언니의 비밀을 알게 되었지요.

여기서 당신이 안나라면 어떠한 선택을 하겠습니까? 언니의 능력을 두려워하거나, 왕국을 위험에 빠뜨린 언니를 원망하는 마음을 가질 수 있을 것입니다. 다른 마법사를 동원해 왕국에 봄을 되찾기 위해 노력할 수도 있습니다. 아니면 언니를 대신해 여왕의 자리에 오를 수도 있겠지요.

그러나 안나는 엘사를 찾아 북쪽 산을 향해 여정을 시작했습니다. 그녀에게는 엘사에 대한 믿음이 있었습니다. 좋은 형제운을 지키기 위한 첫걸음은 두려움을 마주하는 '용기'와 서로를 해치지 않으리라는 '믿음'인 것이지요.

"언니는 결코 나를 해치지 않을 거야(She is my sister, She would never hurt me)."

형제는 친구이자 라이벌의 관계

사주명리학에서 형제(자매)는 '비겁比劫'으로 표현합니다. 비는 어깨를 나란히 한다는 의미의 비견比肩의 줄임말로, 형제나 동료의 관계를 말합니다. 그리고 겁은 겁탈하다 또는 빼앗다, 라는 의미로, 라이벌의 관계를 의미합니다. 형제를 두고 친구이자 라이벌의 관계라고 표현하는 이유이지요. 자연에 비유해볼까요? 작은 물줄기가 순조롭게 합쳐지면 더욱 큰 물줄기를 만들어내지만, 반대로 합수 지점에서 소용돌이가 일어나면 폭포에서 떨어지는 물보라처럼 산산이 부서지기도 한답니다.

비겁이라는 말은 친구, 동료, 동업자, 경쟁자 등 횡적인 사회관계로 확장해서 해석할 수 있습니다. 다만 비겁이 원래 재물을 겁탈해 간다는 의미이기 때문에, 사주의 성격에 따라 자신을 돕는 이보다는 라이벌이 많은 운을 가지게 될 수도 있답니다. 이렇게 볼 때, 영화에서 안나가 언니를 만나러 가는 도중에 좋은 친구를 만나 도움을 받는 것은 좋은 형제운과 관련이 있지요.

안나는 여정 중 크리스토프와 그의 순록인 스벤을 만나 함께 여행하게 됩니다. 이들의 도움으로 여러 차례 위험한 고비를 무사히 넘길 수 있었지요. 마침내 엘사가 머무는 얼음왕국에 도착한 안나는 성안으로 들어가 언니에게 돌아가자고 이야기합니다. 하지만 다시 엘사의 실수로 안나의 심장이 얼기 시작하는 마법에 걸리고 말지요. 엘사는 안나를 성 밖으로 쫓아내고, 크리스토프는 죽음의 위험에 놓인 안나를 구하기 위해 친구인 요정 할아버지에게 데려갑니다. 요정 할아버지는 안나의 심장을 녹일 수 있는 방법을 가르쳐줍니다.

"진실한 사랑의 행동만이 얼어붙은 심장을 녹일 수 있단다."
그런데 진정한 사랑이 무엇인지 알 수 없었던 안나는 눈사람 올라프에게 물어봅니다.
"사랑이 뭔지 잘 모르겠어."
"괜찮아, 내가 아니까. 사랑이란 다른 사람이 원하는 걸 네가 원하는 것보다 우선순위에 놓는 거야. 그런 거 있잖아. 크리스토프가 널 한스에게 데려다주고 영영 떠나버린 것처럼."

안나는 진정한 사랑의 행동이 한스 왕자와의 키스라고 생각하고 자신의 왕국으로 돌아왔습니다. 그런데 한스 왕자는 아렌델 왕국을 삼키기 위해 안나를 방에 가두어버리고 맙니다. 엘사가 안나를 위험으로 몰고 가지만 결국 자신도 같은 위험에 빠지게 된답니다. 명리학에서 형제의 오행은 서로 같다고 봅니다. 자신이 물이면 형제도 물이 되는 것이지요. 여기에서 각자의 사주에 따라 물이 합쳐져 거대한 둑을 무너뜨리는 힘이 되느냐, 아니면 물끼리 부딪쳐 물보라와 소용돌이를 일으키며 서로 부서지느냐 등으로 나누어진답니다. 처음부터 엘사와 안나가 힘을 합쳤다면 이 같은 위험으로 내몰리는 일은 없었겠지요.

울라프의 도움으로 탈출한 안나는 우연히 한스 왕자가 엘사를 해치려는 장면을 목격하고 자신의 몸을 던져 엘사의 목숨을 구하게 되지요. 그리고 자신은 차가운 얼음으로 변하고 맙니다. 그런데 얼마 지나지 않아 안나의 몸이 녹기 시작해 생명을 구하게 되었습니다. 자신의 몸을 던져 언니 엘사를 구한 안나의 희생이 진정한 사랑의 행동이었던 것이지요. 언니 엘사도 자신에 대한 동생 안나의 진정한 사랑을 알게 되고 눈물을 흘리면서, 얼어붙었던 왕국이 모두 녹고 옛날의 아름다운 모습을 되찾게 됩니다.

군비와 군겁이 재물을 두고 다툰다

운명학적 관점에서 볼 때 엘사와 안나 간에 왕국을 누가 지배하고 또 유산을 어떻게 분배할 것인가에 대한 다툼이 전혀 일어나지 않았다는 사실에 주목할 필요가 있습니다.

사실 형제운에 대해 듣는 질문은 "형제에게 빌려준 돈을 받을 수 있을까요?", "재산을 똑같이 상속받게 될까요?", "형제와 함께 땅을 사려고 하는데 문제가 없을까요?", "부모님을 모시고 있으니까 제가 집을 상속받는 게 당연하지 않나요?" 등등 재산 및 부동산과 관련된 문제들이 대부분입니다.

그래서 재산 상속에 대해 상담할 때는 반드시 형제운을 같이 본답니다. 왜냐하면 물려받을 재산이 많다 해도 부모님이 어떤 결정을 하는가에 따라 형제운이 좋을 수도 나쁠 수도 있으니까요. 재산 상속을 할 때 부모가 한쪽을 편애하는 것은 자녀들의 형제운에 매우 치명적인 결과를 초래한다는 사실은 명심해야 합니다.

사주를 볼 때 많이 나오는 군비쟁재群比爭財, 군겁쟁재群劫爭財라는 말이 있습니다. 군비와 군겁이 하나의 재물을 두고 싸움을 한다는 뜻입니다. 여러 형제들이 재산을 두고 싸우는 형국이지요. 제가 컨설팅을 통해 경험한 바로는, 좋은 형제운은 집안에 돈이 많고 적음에 상관없이 형제 사이에 재산이 균등하게 분배될 때 이루어집니다. 재산 분배가 공평하게 이루어지지 않았다면 나

카네이션, 백합, 백합, 장미, 존 싱어 사전트, 1885~1886년, 테이트 미술관

하얀 원피스를 입은 소녀 두 명이 종이등에 불을 켜고 있습니다. 종이등 안쪽에 켜진 불빛이 소녀의 얼굴빛을 장밋빛으로 물들입니다. 그림 속의 소녀들은 친구이지만 앞으로 다른 인생이 펼쳐질 것입니다.

형제나 자매도 같은 부모에게서 태어나지만 각각의 사주팔자는 달라 서로 다른 인생을 살아간 답니다. 운명학에서도 형제 사이를 친구 또는 라이벌의 관계라고 말하지요.

쁜 형제운의 불씨를 심어놓은 것이나 다름이 없지요. 형제운이 좋을 때는 능력이 뛰어난 형제가 가족 회사를 성장시켜 분배할 파이를 몇 배로 키우기도 하고, 또 형제운이 나쁠 때는 돌발적인 사고를 수습하느라 집안이 어려워져 형제가 등을 돌리는 경우도 많답니다.

형제를 친구이자 조력자로 보는가, 아니면 라이벌로 보는가에 대한 판단 기준은 자신의 마음가짐에 있답니다. '겨울왕국'의 주제처럼 진실한 사랑과 진정한 믿음만이 형제운을 좋게 한다는 사실을 잊지 마세요.

운의 원리 – 진실한 사랑과 진정한 믿음이 형제운을 좋게 한다.

가족은 가장 오래, 가장 많이 기다린다

눈물로 걷는 인생의 길목에서
가장 오래, 가장 멀리까지 배웅해주는 사람은
바로 우리의 가족이다.

권미경의 책 《아랫목》에 나오는 한 구절입니다. 그렇습니다. 가족은 삶의 근본이고 관계의 기본입니다. 그래서 가족을 두고 운명공동체라고 말하기도 합니다. 운명적으로 가족이라는 울타리 안에서 공동체의 삶을 살아가야 하기 때문이지요. 가족은 명과 운을 주고받으며 서로의 삶에 지대한 영향을 미친답니다. 제 경우 개인 컨설팅을 할 때 반드시 가족의 운을 함께 살펴봅니다. 결혼 이전에는 부모의 운, 결혼 이후에는 배우자의 운이 중요한 고려 사항이지요. 물론 만년에는 자식의 운이 좋아야 만복을 누릴 수 있답니다.

특히 부모는 생애 최초로 나와 관계를 맺는 사람으로, 인연법의 기본이 됩니다. 나쁜 인연으로 인해 힘들어하는 고객들을 보면 0세에서 9세까지의 운에서 부모 때문에 마음의 상처를 크게 입었던 사건이 나타나는 게 일반적입니다. 부모 입장에서는 대수롭지 않은 일이라도 어린아이의 마음에 큰 상처를 남길 수 있으니까요.

부모로부터 경제적·정신적 자립이 중요

그렇다면 부모 자식 간의 상처를 치유하는 방법은 무엇일까요? 여기에서 초점을 맞추어야 할 것은 자녀의 역할입니다. 부모와 자녀의 궁합을 보면 결국 부모가 자녀를 더 사랑할 수밖에 없습니다. 사랑하는 사람 사이에서는 더 많이 사랑하는 사람이 진다고들 하지요. '자식 이기는 부모 없다'라는 말은 영원한 진실입니다.

결국 자녀가 자신의 몫을 제대로 해낸다면 스스로의 상처를 치유할 뿐 아니라 부모 자식의 관계에도 변화를 가져오게 된답니다. 자녀의 역할을 제대로 수행한다는 의미는 부모에게서 경제적·정신적 자립을 이루는 것입니다. 특히 정신적 자립은 매우 중요한 개념임에도, 동양 문화권에서 살아가는 우리가 실천하기에는 어느 정도 어려움이 따르는 일입니다. 정신적 자립이란 '부모를 사랑하되, 예속되거나 의지하지 않는 관계'로 정리할 수 있습니다. 부모에 대한 기대를 내려놓고 하나의 인격체로 독립하는 것이지요.

보통 가족이라면 누구나 자식은 부모에 대해, 부모는 자식에 대해 나름의 기대를 가지게 됩니다. 그런데 부모의 기대는 자식의 작은 행동으로도 많은 부분이 채워지곤 합니다. 자식이 성장하는 동안 "역시 내 아들(딸)이야"라는 말을 하며 자신의 기대를 충족할 수 있는 기회를 많이 가지니까요. 그런데 부모에 대한 자식의 기대는 반대의 과정을 거친답니다. 어릴 때는 부모의 존재감이 그토록 커 보였는데, 성장하면서 상대적으로 단점을 더 많이 보게 되니까요. 결국 누구보다 자랑스러웠던 부모가 평범한 인간에 지나지 않는다는 사실을 깨닫게 되면서 자신의 기대도 자연스레 좌절되는 것이지요.

　항상 존경할 만한 행동과 인품을 보여줄 것이라는 기대, 언제나 있는 그대로의 자신을 따뜻하게 안아줄 것이라는 기대, 자신의 결정에 대해 응원하고 지지해줄 것이라는 기대, 힘들 때 든든한 버팀목이 되어줄 것이라는 기대, 자신이 택한 배우자가 어떤 사람이라도 마음으로 환영해줄 것이라는 기대 등등. 이처럼 부모에 대한 자녀의 기대 수준은 비현실적일 정도로 높은 경우가 많습니다. 자신의 부족한 부분을 부모에게 의지함으로써 해결하고 싶은 소망을 가지고 있기 때문입니다. 이성적으로는 부모 역시 한 사람의 인간임을 인정하지만, 내면의 어린아이는 유년 시절의 전지전능해 보였던 부모의 모습을 기대하는 탓이겠지요. 그래서 자신의 기대에 미치지 못하면 실망하거나 좌절하며 결국 부모에 대해 불만을 토로하거나 낮은 수준의 평가를 내려버리게 된답니다.

완벽한 부모의 완전한 사랑은 없다

문제는 이 과정에서 훌륭한 인성 등 부모님이 물려주신 것들

145

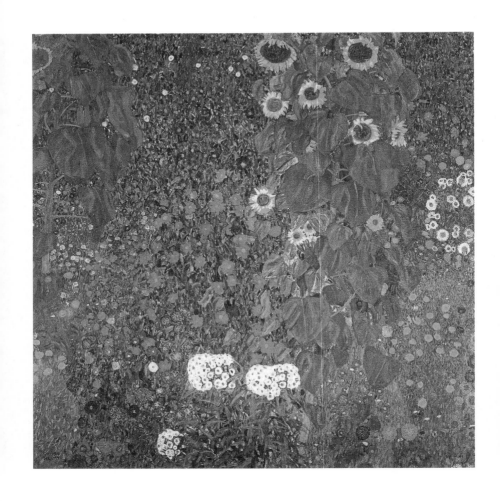

해바라기꽃이 있는 농장 정원, 구스타프 클림트, 1906년, 벨베데레 미술관

클림트는 생애 마지막 10년 동안 풍경화를 주로 그렸습니다. 특히 영혼의 동반자로 알려진 에밀리 플뢰게와 휴가를 보낸 아터제 호수 주변을 많이 그렸습니다.
아름다운 해바라기꽃을 바라보는 것만으로 마음속에 행복감이 가득 차는 느낌입니다. 자신을 있는 그대로 인정하고 받아들이는 것이 행운을 끌어들이는 가장 좋은 방법이지요.

이 함께 평가절하된다는 것입니다. 예를 들면 생활력이 강한 어머니가 자신의 꿈을 지원해주지 않았다는 이유로 자신이 물려받은 올바른 경제 관념을 일부러 부정한다거나, 사교력이 뛰어난 아버지가 불륜을 저질렀다는 이유로 자신의 타고난 친화력마저 없애야 할 단점으로 단정해버리는 경우입니다.

부모가 물려주는 것은 물질적인 것뿐만 아니라 정신적인 것도 포함합니다. 당신 안에는 부모님이 물려주신 훌륭한 인성들이 있습니다. 자신이 물려받은 좋은 인성은 부모에게 실망했던 그 사건에서 드러난 부모의 나쁜 모습과 동전의 양면처럼 연결되어 있는 경우가 많습니다. 그런데 당신이 이를 함께 평가절하한다면 타고난 좋은 부모운을 제대로 활용하지 못하게 된답니다.

부모에 대한 지나친 기대, 있는 그대로의 나 자신을 부정하는 행동, 부모의 말과 행동에 대해 습관적으로 나타내는 감정적 반응, 당신이 가지고 있는 완벽한 부모의 완전한 사랑에 대한 환상을 모두 떠나보내야 합니다. 그리고 당신 스스로도 자녀에게 완벽한 부모가 되겠다는 환상에서 벗어나야 합니다.

있는 그대로의 나를 받아들이고 과거에 있었던 부모님과의 사건들을 좀 더 객관적으로 바라보세요. 그렇다면 당신은 부모에게 있는 그대로의 사랑을 줄 수 있고, 그것은 최고의 선물이 될 것입니다. 살아가는 동안 진정으로 '부모운'이 좋고 '부모 덕'을 본다는 것은 이러한 마음에서 비롯된답니다.

이러한 정신적 자립이야말로 당신의 삶에서 악연을 물러가게 하고 선연과 귀인을 끌어들이는 인연법의 좋은 씨앗을 심는 것입니다.

운의 원리−부모로부터 경제적·정신적으로 자립하라.

우리 아이
서울대 갈 수 있나요?

서울대학교에 갈 타고난 운명은 없다!

"우리 아이가 머리는 좋은데 공부를 하지 않아 성적이 나오질 않습니다. 언제쯤 마음을 잡고 공부를 할까요?"

"우리 아이가 공부를 잘하는데 서울대를 갈 수 있을까요? 학업운이 어떤지 좀 봐주세요."

"과외를 시키거나 학원을 보내는 게 도움이 될까요?"

자녀의 공부는 대한민국 학부모에게 최대 관심사이지요. 워낙 경쟁이 치열하다 보니 성적의 우열을 가리는 데 실력 이외의 변수들이 많은 영향을 미치기도 합니다. 자녀를 명문대에 보내려면 할아버지의 재력과 아빠의 무관심, 엄마의 정보력이 필요하다는 말을 그냥 우스갯소리로 지나치기가 어려운 현실입니다. 대학 입시가 정시와 수시로 나뉘고, 또 대학별로 입학 시험 전형이 다양해지면서 학생의 적성과 실력에 맞는 대학에 입학하기가 어찌나 어려운 일이 되었는지요.

운명이란 정해진 것이 아닙니다. '서울대학교에 갈 타고난 운명'은 없다는 이야기이지요. 아무리 운이 좋다 해도 공부를 전혀 하지 않는 학생이 성적이 좋을 리는 없겠지요. 결국 학업운이 좋다는 말도 노력 대비 결과(성적)가 좋다는 뜻으로 받아들여야 합니다. 한국의 현실에서 학업운이 좋은 학생들은 다음의 몇 가지 경우입니다.

우선 기본적인 이해력과 암기력이 뛰어난 경우입니다. 특히 주위에서 '천재' 소리를 듣는 전국 상위 순위권의 학생들을 살펴보면 암기력이 눈에 띄게 드러나는 사주를 가지고 있습니다. 만약 창의성이나 커뮤니케이션 능력이 뛰어나고 다른 부분이 약하다면 해외운을 살펴보고 학생과 맞는 나라로 유학을 권하기도 합니다.

다음으로 자신을 제어하고 오랜 시간 책상 앞에 앉아 있을 수 있는 끈기가 두드러지는 경우입니다. 머리가 별로 좋지 않음에도 끈기 하나만으로 명문대에 진학한 학생이 의외로 많습니다.

마지막으로 마음의 긴장과 두려움을 다루는 능력이 뛰어난 경우입니다. 이른바 '시험 불안'을 전혀 느끼지 않는 학생인데, 수업 시간에 얼핏 스쳐 들었던 내용도 시험 문제를 보면 떠오른다고 하기도 합니다. 과거에는 이 능력이 매우 약할 경우 다른 것들이 아무리 뛰어나더라도 좋은 대학에 가기 힘들었습니다. 수능 시험 날 시험 불안으로 제 실력을 내기 힘들었기 때문입니다. 그러나 수시 전형이 확대되면서 이제 자신의 능력을 발휘할 길이 열린 셈이지요.

그러나 위의 세 가지 유형에 속하지 않더라도 원하는 대학에 진학하는 것은 충분히 가능합니다. 학업운 역시 타고난 재능과 개인의 노력, 주변의 환경 등이 적절한 시기에 상호작용을 하여 만들어지는 것이기 때문이지요. 즉, 선천적인 요소(명)와 후천적인 요소(운)가 서로 조화를 이루는 것을 뜻합니다.

"학생들이 각각 타고난 학습 능력이 발달하는 시기가 있습니다. 이 시기를 놓치지 않아야 합니다. 자녀분의 경우 올해 4월부터 내년

10월까지가 그 시기입니다. 이때는 공부에 쏟는 노력 이상으로 성적이 상승할 것입니다. 그리고 그 성적이 고교 3학년까지 꾸준히 유지된다고 보시면 됩니다."

제가 학부모님들을 상담할 때 공통적으로 조언하는 내용입니다. 학생에 따라 차이가 있기는 하지만 일반적으로 학업운을 상승시킬 수 있는 시기가 0세에서 17세까지 2~3차례 찾아옵니다. 대학 입시를 전제로 할 때, 고등학교 1학년 때까지 성적을 크게 향상시킬 수 있는 타이밍이 따로 존재한다는 뜻이랍니다. 이 시기에는 작은 노력으로도 성적을 쑥쑥 올릴 수 있지요. 저역시 자신 없던 영어를 이 시기에 전략 과목으로 만들었습니다.

자신에게 맞는 공부법으로 학업운이 상승

앞서 언급했지만 할아버지까지는 몰라도 아빠의 재력과 엄마의 정보력이 자녀의 성적에 영향을 미친다는 사실은 부정할 수 없는 현실입니다. 과외가 적합한 경우, 소규모 학원이 적합한 경우, 동영상 강의가 적합한 경우 등 각각의 운에 따라 학업운을 높일 수 있는 방법이 있습니다. 재운에서 각자에게 적합한 재테크 방법이 있는 것과 같지요. 부모의 현실적인 조력을 받아 학생에게 맞는 공부법을 찾는다면 이는 분명 학업운을 상승시키는 요인으로 작용합니다. 정시보다 수시에 적합한 운이거나, 경시대회 등 특별 전형에 좋은 운일 경우 특히 기대 이상의 결과를 얻을 수 있답니다.

　다만 시험운은 학업운과는 다르게 해석할 필요가 있습니다. 학업운이 전체를 포괄하는 것이라면, 시험운은 특정 시기의 결과에 영향을 미치는 요소로 보아야 합니다. 같은 학생이라도 시험운이 좋은 때가 있고, 좋지 않은 때가 있으니까요. 여기서 시험운이 좋다는 말은 평소 실력에 비해 시험 결과가 상대적으로 잘 나왔다는 의미입니다. 공부를 하지 않아도 성적이 무조건 잘 나오는 시기가 아니라, 공부한 것에 비해 성적이 잘 나오는 시기를 의미합니다. 대개 시험에서 본인의 능력은 공부한 것에 비해 70~80% 정도 발휘됩니다. 그러나 시험운이 좋을 때는 평소 공부한 것의 130~150%까지 실력을 발휘해 예상외의 결과를 얻기도 합니다. 예를 들면 평소 집중적으로 공부한 분야에서 문제가 출제되었다든지, 아무렇게 찍은 답이 맞아떨어지는 경우입니다. 반대로 시험운이 나쁠 때는 반대의 일이 벌어지지요. 공부가

꽃피는 아몬드나무, 빈센트 반 고흐, 1890년, 반 고흐 미술관

"우리는 아기가 언제나 형처럼 굳센 의지와 용기를 가지고 살아갔으면 좋겠어. 그래서 아이의 이름을 형의 이름으로 짓기로 했어." 고흐는 자기 이름을 조카에게 붙이는 것에 대해 처음에는 반대했지만, 마음속으로는 삶의 용기를 얻었다며 기뻐했지요.

당신은 자녀가 어떻게 살아가기를 원하나요? 사람은 각각 타고난 재능이 다르고, 또 재능이 발달하는 시기도 다릅니다. 타고난 그릇의 크기와 모양에 맞는 교육은 운을 좋게 하는 힘이랍니다.

부족한 분야에서 문제가 출제되거나 첫 문제부터 막혀 헤매느라 시험을 망치기도 합니다.

마지막으로 '원서운' 역시 중요한 작용을 합니다. 원서운의 경우는 상대적 개념으로 봐야 합니다. 모든 학교의 입시에는 경쟁자가 있기 마련이고, '나의 운'과 '상대의 운'이 특정한 시기에 동시에 작동하기 때문입니다. 대학 입학 시험은 기본적으로 윈윈 게임이 아니라 제로섬 게임입니다. 내가 아무리 잘해도 상대가 더 강하고 잘하면 경쟁에서 탈락하고 마니까요.

운의 원리—좋은 학업운은 노력 대비 결과가 좋다는 뜻이다.

4장
인연법을
말한다

인연 일지를
써라!

인연

어리석은 사람은

인연을 만나도

인연인 줄 알지 못하고,

보통 사람은

인연인 줄 알아도

그것을 살리지 못하며,

현명한 사람은

옷자락만 스쳐도

인연을 살릴 줄 안다.

살아가는 동안

인연은 매일 일어난다.

그것을 느낄 수 있는

육감을 지녀야 한다.

사람과의 인연도 있지만

눈에 보이는 사물이

인연으로 엮여 있다.

　사람의 인연이란 언제 어디서 어떻게 맺어지는지에 따라 그냥 스쳐 가는 바람 같은 인연일 수도 있고, 얽히고설킨 실타래 같은 인연일 수도 있습니다. 피천득 선생의 시 구절처럼 인연을 느낄 수 있는 육감을 지녀야 하지만 말처럼 쉬운 일은 아닙니다. 눈에 보이지 않는 것이 보이는 것을 지배하는 것이 운명학의 세계이

니까요. 복잡한 인연의 실타래를 풀기란 어려운 일이지만 살아
가는 동안 맺어지는 인연의 실마리를 살펴보는 것은 언제나 중
요한 일입니다.

운이 바뀔 때 새로운 인연을 만난다

운명학에서도 사람과의 관계를 밝히는 인연법을 매우 중요하
게 생각합니다. 운명학은 언제나 최소의 노력으로 최대의 행운
을 누리는 방법을 가르친답니다. 때문에 삶의 생산성과 효율성
을 높이는 인연법이 중요할 수밖에요.

사실 우리의 운이 바뀔 때 가장 눈에 띄는 변화는 바로 새로운
사람을 만나는 것입니다. 여기서 새로운 사람이란 처음 만나는
전혀 낯선 사람만 의미하는 것은 아닙니다. 이전의 관계가 변하
면서 새로운 관계로 발전하는 경우에도 새로운 인연인 셈입니
다. 같은 사람이라도 만나는 시기에 따라 인연운은 여러 가지 모
습을 드러내니까요.

우리가 자주 사용하는 표현 가운데 "팔자가 바뀌었다"라는 말
이 있습니다. 누구를 만나느냐에 따라 자기의 팔자, 즉 운명이

바뀐다는 의미이지요. 귀인을 만나면 행운아가 되고, 악연을 만나면 불운아가 되니까요.

"지금 제 주변 사람 가운데 귀인과 악연을 구별하는 방법은 없을까요? 악연을 피하고 선연을 만나려면 어떻게 해야 하나요?"

고객들이 상담할 때 가장 많이 하는 질문 가운데 하나입니다. 한마디로 누구를 만나면 운이 좋아지고, 누구를 만나면 운이 나빠지느냐는 것입니다. 여기서 명심해야 할 것은 대부분의 경우 누구를 만나서 운이 좋아지는 게 아니라, 당신의 운이 좋을 때 귀인을 만나고, 당신의 운이 나쁠 때 악연을 만난다는 사실입니다.

좋은 운을 상승시키는 사람을 만나기 위해, 그리고 인연법을 현명하게 풀어내기 위해 당신에게 권하고 싶은 일은 인연 일지를 쓰는 것입니다. 일기처럼 매일 쓸 필요는 없습니다. 당신의 필요에 따라 무언가 의미가 있거나 마음에 남아 있는 사람에 관한 기록을 남기는 것이니까요. 만남의 인연, 일의 관계, 감정의 문제 등등 생각나는 대로 솔직하게 메모하면 됩니다.

그렇다면 인연 일지는 어떻게 쓰면 좋을까요?

첫째, 당신에게 중요한 사람에 대한 객관적인 기록입니다.

먼저 당신이 인연 일지에 기록할 의미가 있는 사람의 이름, 성별, 나이를 씁니다. 생년월일을 함께 적으면 더욱 좋습니다.

다음으로는 그 사람과의 관계를 씁니다. 오랜 친구, 직장의 동료와 선후배, 비즈니스 관계, 취미를 함께 즐기는 관계, 연인 등 당신과 어떤 관계인지 기록하세요. 물론 사람에 따라 한 가지만이 아니라 두세 가지가 겹치는 경우도 있겠지요.

그리고 처음 알게 된 시기와 당신의 당시 상황을 기록하세요. 이것은 나중에 다른 사람과 인연을 시작할 때 참고로 삼을 수 있습니다. 예를 들면 기분이 들뜬 상황일 때 만난 사람과 악연이 되었거나, 아니면 가기 싫은 모임에 참석했다가 대박을 안겨준 귀인을 만났다면 앞으로도 돌아오는 운에서 비슷한 일이 일어날 가능성이 있답니다.

둘째, 중요한 사람에 대한 당신의 주관적인 기록입니다.

말하자면 정량적인 평가라기보다는 정성적인 평가가 됩니다. 그 사람에 대한 당신의 주관적인 생각과 평판을 기록하세요. 예를 들면 '내가 생각하는 이미지와 성격'의 항목을 만들어 당신 생각대로 적으면 됩니다.

그리고 그것이 당신의 감정에 기초한 것인지, 아니면 실제 겪은 일을 근거로 한 것인지 밝혀두는 게 좋습니다. 이때 명심해야 할 것은 당신의 느낌과 감정에 충실한 내면의 기록이어야 한다는 점입니다. 그래야 다른 사람의 입장이나 평가에 영향받지 않고 당신 중심의 관계를 만들어갈 수 있으니까요.

셋째, 당신을 중심으로 하는 인연의 인과관계입니다.

이번에는 노트의 한 페이지를 세로로 2등분하여 왼편에 '그가 나에게 기대한 것과 결과', 오른편에 '내가 그에게 기대한 것과 결과'라는 항목을 만들어 생각나는 대로 기록하세요. 이 기록은 나중에 인연의 인과관계를 파악하는 데 도움이 됩니다.

그리고 이 항목 아래에는 반드시 당신의 평가가 뒤따라야 합니다. 예를 들면 '이 관계에서 얻은 행운과 교훈'이라는 항목을 설정해 좌우의 두 항목을 비교하면서 서로에 대한 기대치와 향후 관계를 가늠해보는 것이랍니다. 이 작업을 제대로 하기만 하면 상대의 모습과 당신의 모습이 거울에 비친 것처럼 또렷하게 보이게 되지요.

마지막으로 상대방과의 관계에 대한 평가를 내린 다음에는 '내가 노력해야 할 점과 방향'이라는 결론 부분을 정리합니다.

참고로 일지를 기록할 때 각각의 항목에 여유 공간을 충분히 두어야만, 관계의 진행과 진전에 따라 내용을 수정하고 수시로 추가하는 게 가능합니다.

인연 일지의 주체는 '나 자신'이다

인연 일지를 기록하는 데 가장 중요한 기준은 상대방이 아닌 '나 자신'이어야 합니다. 인연을 맺는 주체는 당신 자신이니까요. 그래서 행운과 불운을 판단하는 주체도 항상 당신 자신이어야 합니다. 어떤 인연으로 인해 좋은 일이 생긴다면 당신의 운이 좋은 것이고, 나쁜 일이 생긴다면 당신의 운이 나쁜 것입니다.

인연을 통해 행운의 열매를 수확하려면 인연을 맺을 때 당신의 의식과 무의식에 질투나 피해의식, 죄책감이라는 감정의 씨앗을 뿌리지 않아야 합니다. 이는 편협된 시각을 만듦으로써 좋은 인연을 알아보지 못하게 합니다.

아울러 어떤 인간관계라도 감사할 점을 찾아냄으로써 인연운을 좋게 하는 학습 능력을 키우는 것도 중요합니다. 좋은 감정의 씨앗을 뿌리면 나중에 행운이라는 다디단 열매를 마음껏 맛볼

파랑과 은색의 하모니; 트루빌, 제임스 맥닐 휘슬러, 1865년, 이사벨라 스튜어트 뮤지엄

광활한 해변에 휘슬러가 매우 존경했던 쿠르베가 서 있습니다. 그러나 휘슬러와 쿠르베는 훗
날 여자 문제로 오해가 깊어져서 멀어지고 말지요.
바다의 포말처럼 사람의 인연도 늘 생겼다가 사라지기를 반복하지요. 스쳐 가는 바람 같은 인
연이 있고, 얽히고설킨 실타래 같은 인연이 있답니다.

수 있을 것입니다.

인연법에서도 역시 행불운의 씨앗과 열매는 자신이 뿌리고 거
둔다는 사실을 유념하세요.

운의 원리 – 인연 일지를 쓰면서 행운의 씨앗을 뿌린다.

귀인을 맞이하고 받들면
끝이 길하다

인연의 맺고 끊음이 인생살이이다

인생살이에는 언제나 변곡점이라는 게 있습니다. 변화의 시작
이지요. 위에서 아래로, 아래에서 위로, 좌에서 우로, 우에서 좌
로. 이처럼 세상의 모든 것은 움직이고 변합니다. 자연의 변하지
않는 섭리이자 질서이지요.

당신의 과거를 한번 차분하게 뒤돌아보세요. 크건 작건 인생
변곡점에서 어떤 일들이 일어났을까요? 아마 변하는 시기마다
당신은 누군가와 멀어지거나, 누군가와 가까워지거나, 아니면

새로운 누군가를 만나는 등 주변에 있는 인연의 모습들이 달라졌을 겁니다.

주역에서도 변하는 시기에는 세 사람의 손님이 온다고 표현했습니다. 세 사람이란 천지인 삼재의 현신인데, 바로 하늘과 땅과 사람입니다. 하늘이 정해준 시기(천시)와 땅이 베푼 환경(지리)이 갖춰지고, 귀인이 나타나는 순간(인화)이 변화를 감행해야 할 때라는 뜻입니다. 특히 나를 도와줄 귀인의 출현을 가장 가시적이고 즉자적인 판별 기준으로 삼아야 한다고 말합니다. 그런 귀인이 내게 오는 것을 놓치지 말고, 공경해 맞이하고, 뜻을 받들어 실행하면 언제나 끝도 길하다는 것입니다.

사실 우리의 인생살이란 사람과의 만남과 헤어짐이 대부분이라고 해도 과언이 아닙니다. 그런데 문제는 그 사람과의 인연이 어떤 인연인지를 알지 못한다는 데 있습니다. 지금 당신 주위에 있는 사람들 가운데 누가 선연이고 누가 악연일까요?

지금까지 당신과 옷깃을 스쳐 지나갔던 무수한 인연들을 떠올려보세요. 좋았던 추억과 나빴던 기억들이 교차할 것입니다. 희미한 잔상들은 버리고, 비교적 상이 또렷한 인연들에 집중하세요. 그런 다음에 각 인연들이 보여주는 처음과 중간과 끝의 모습을 깊이 들여다보세요. 처음은 좋았다가 끝이 안 좋은 사람, 처음은 나빴다가 끝이 좋은 사람, 처음과 끝이 일관된 사람으로 나누어지겠지요.

당신이 만난 인연들은 모두 당신의 인연 시간표에 따라 왔다가는 것입니다. 그리고 시간표에 따라 당신이 만났던 인연들은 일정한 패턴을 보여줍니다. 당신이 운이 좋을 때 어떤 인연을 만났는지, 그리고 운이 나쁠 때 어떤 인연을 만났는지 생각해보세요. 당신 안에 행불행이 있듯, 선연과 악연 역시 당신 안에 있는 것이니까요.

일반적으로 인간은 다른 사람을 있는 그대로의 모습으로 보지 못한답니다. 내 안에 있는 모습으로 그 사람을 비추어 보기 때문이지요. 그래서 같은 사람이라 할지라도 누구에게는 좋은 인연으로, 또 다른 사람에게는 나쁜 인연으로 남게 된답니다.

'귀인'은 사주에서 좋은 작용을 하는 길성貴星을 일컫는 말입니다. 때로는 눈에 보이는 인연의 모습으로, 때로는 보이지 않는 에너지로 나타나 원하는 것이 쉽게 이루어지도록 도와주지요. 그런데 이 같은 귀인을 사주에 가지고 있는 사람은 많지만 실제로 잘 활용하는 경우는 그리 많지 않습니다. 아마 내 안에 귀한 사람을 비추어 볼 수 있는 거울이 너무 흐려진 탓은 아닐까요?

귀인을 만나려면 먼저 투자해야 한다

이 같은 현실에 대해 운명학적으로 여러 가지 해석이 가능하겠지요. 그래서 답을 얻기 위해 귀인을 만나 드라마틱한 인생 역전을 이룬 3,500명의 사례들을 살펴보았습니다. 말 그대로 귀인을 만나 팔자를 바꾼 시기도, 모습도, 인연도 각기 다양했습니다. 그런데 귀인의 도움을 받아 원하던 것을 이룬 사람들에게는 다음과 같은 세 가지 공통점이 있었습니다.

첫째, 자기만의 개성이 있습니다.

개성이 있다는 것이 별난 헤어스타일이나 기괴한 화장, 눈에 띄는 옷차림을 뜻하는 것은 물론 아닙니다. 험난한 세상살이에 휩쓸려만 가는 것이 아니라, 내 안의 특별함을 잃지 않고 지켜갈 만한 고집이 있다는 뜻이지요. 이들은 타인의 개성 역시 알아보고 존중하는 자세가 몸에 배어 있습니다.

둘째, 일명 '거지 근성'이 없습니다.

국어사전에 보면 거지는 '남에게 빌어먹고 사는 사람'을 뜻합니다. 빌어먹는다는 것은 구걸하여 거저 얻는다는 뜻입니다.

"지금 형편이 어려우니 일단 좀 도와달라"라는 부탁을 지인으로부터 받은 경험이 있을 것입니다. 안타깝게도 이런 사람들은 궁극적으로 원하는 것을 얻지 못하게 될 확률이 매우 큽니다. 자신은 아무것도 줄 것이 없기 때문이지요.

귀인을 만나려면 먼저 투자가 이루어져야 합니다. 무엇이든 간에 지금 내가 투자할 수 있는 자원을 먼저 투자해야 합니다. 반드시 돈일 필요는 없습니다. 투자를 받은 귀인은 몇 배를 곱해서 돌려줍니다. 당신이 10을 투자한다면 그 100배로 부풀려 1000을 돌려줄 것이요, 100을 투자한다면 10000을 돌려줄 것입니다. 그러나 0인 상태라면 아무리 큰 수를 곱해도 결국 0이 될 수밖에 없습니다. 거지 근성을 가진 사람은 억만금의 재물이 하늘에서 떨어진다 해도 결국은 거지로 남을 수밖에 없답니다.

셋째, 자신의 부족함을 인정합니다.

귀인을 만나 성공한 사람들은 완벽하지 않은 스스로를 받아들이고 인정합니다. 단점이 없는 사람이 세상에 존재할까요? 제아무리 못난 사람이라도 그만의 장점을 가지고 있듯, 제아무리 훌륭한 사람도 단점을 가지고 있게 마련입니다. 분명히 귀인을 만날 운이 있는데도 이를 살리지 못하는 사람들을 보면 한두 가지

폴리네시아; 바다, 앙리 마티스, 1946년, 조르주 퐁피두센터

마티스가 타히티 섬을 여행하면서 받은 영감으로 탄생한 작품입니다. 푸른 바다, 산호초, 해조
류, 물고기들이 자유롭게 꿈을 꾸고 있습니다. 살아 있는 것들의 삶에는 일정한 패턴이 있지요.
살아가는 동안 당신이 만났던 인연들 역시 일정한 패턴을 보여줄 것입니다. 운이 좋을 때 어떤
인연을 만났는지, 또 운이 나쁠 때 어떤 인연을 만났는지 생각해보세요.

단점으로 상대방 전체를 매도하거나, 아니면 자신에게 완벽한 잣대를 들이대 스스로 귀인을 만날 자격이 없다고 못을 박는 경우가 참으로 많았습니다.

세상에 완벽한 사람은 없습니다. 자신도, 그리고 다른 사람들도 불완전한 사람이라는 사실을 인정해야 합니다. 그래야 비로소 자신을 긍정하게 되고, 또 비판과 비난으로부터 자유로울 수 있으니까요. 있는 그대로 비치는 자신의 모습을 인정할 때 마침내 귀인을 얻을 수 있습니다. 귀인은 자신을 사랑하는 사람을 사랑하니까요.

운의 원리―자신을 있는 그대로 긍정하는 사람이 귀인을 만난다.

악연의 시작은
악마의 키스와 같다

한 사람의 인생을 한 가닥의 실에다 비유할 수 있겠네요. 그렇다면 세상에는 무수히 많은 가닥의 실들이 각자의 삶을 살아가는 셈입니다. 살아가다 보면 서로 엉키게 되고, 엉키면 하나의 매듭이 만들어집니다. 이런 엉킴과 매듭이 바로 인연입니다. 한 가닥의 실로 굵은 동아줄을 만들 수는 없습니다. 숱한 인연이 얽히고설켜 한 사람의 인생을 만들어내는 법입니다.

옷깃만 스쳐도 인연이라는 말이 있습니다. 작은 인연도 소홀히 하지 말라는 가르침입니다. 일상생활에서도 인연이 있다 없다는 표현을 많이 쓰지요. 그런데 문제는 우리가 인연과 운명의 인과관계를 잘 모른다는 데 있습니다. 우리가 모른다고 해서 존재하지 않는 것은 아니지요.

이 둘의 관계는 물리학의 카오스 이론, 즉 나비효과$^{Butterfly\ Effect}$로 설명이 가능합니다. 나비효과란 나비의 날갯짓처럼 작은 변화가 폭풍우와 같은 커다란 변화를 유발하는 현상을 말합니다. 예를 들면 지구 반대편에 있는 아르헨티나에서 일어난 나비의 날갯짓이 우리나라에 몰아치는 태풍의 원인이 된다는 것입니다.

15세 미하엘과 36세 한나의 치명적 악연

우리가 살아가는 세상살이에서도 어떤 인연을 만나는가에 따라 엇갈리는 인생이 펼쳐지게 된답니다. 우리가 일상에서 만나는 인연에는 선연과 악연이 있습니다. 선연을 만나 힘들게만 보였던 일이 순조롭게 풀리기도 하지만, 악연을 만나 예기치 않았던 비극을 맛보기도 하지요. 베른하르트 슐링크의 소설 《책 읽어주는 남자》에서 15세 소년 미하엘과 36세 여인 한나의 만남을 운명학적으로 한번 풀어볼까요?

소년 미하엘은 열병으로 심한 구토를 일으키고, 이를 지켜본 한나의 도움을 받게 됩니다. 미하엘이 나중에 감사 인사를 하러 그녀를 다시 찾으면서 두 사람은 서로에게 강하게 끌리고 비밀스러운 연인이 됩니다. 두 사람이 사랑을 나누기 전에 미하엘은 한나에게 책을 읽어주어야 했습니다. 책 읽어주기, 샤워, 사랑 행위, 그러고 나서 잠시 같이 누워 있기. 이것은 두 사람이 만나서 주고받는 사랑의 의식이었습니다.

치명적인 사랑이 깊어질수록 불안감과 두려움이 커지는 것은 당연지사였습니다. 달라도 너무나 달랐던 두 사람이었던 만큼 어느 날 갑자기 한나는 자취를 감추고 미하엘은 큰 충격을 받습니다. 8년 후 법대생이 된 미하엘은 재판을 참관하는 과정에서 나치 전범으로 법정에 선 한나를 우연히 만납니다. 한나는 자신이 문맹이라는 사실이 들통날까 봐 살인죄의 누명을 뒤집어쓰고 끝내 종신형을 선고받습니다.

이후 미하엘은 이혼을 하고, 문맹인 한나를 위해 책을 읽는 목소리를 녹음한 카세트테이프를 감옥으로 보냅니다. 자신의 육성이 담긴 카세트테이프를 보내는 일은 계속되고, 한나는 미하엘의 목소리를 들으며 글을 배웁니다. 그리고 18년 만에 사면을 받은 한나는 출소하는 날 새벽에 감옥 안에서 스스로 목숨을 끊습니다.

내가 무언가로 인해 마음의 상처를 입을 때면 당시에 겪었던 마음의 상처들이 떠오르고, 내가 죄책감을 느낄 때면 당시의 죄책감이 다시 돌아온다. 내가 오늘날 무언가를 그리워하거나 향수를 느낄 때면 당시의 그리움과 향수가 되살아나곤 한다. 우리 인생의 층위들은 서로 밀집되어 차곡차곡 쌓여 있기 때문에 우리는 나중의 것에서 늘 이전의 것을 만나게 된다. 이전의 것은 이미 떨어져 나가거나 제쳐 둔 것이 아니며 늘 현재적인 것으로 생동감 있게 다가온다.

미하엘의 말처럼 우리가 살면서 만나는 인연과 함께하는 모든 것들은 쌓이고, 우리의 무의식 속에 그때의 감정이 그대로 기록됩니다. 지나갔다고 해서 없어지거나 잊히는 것이 아니고 늘 현재의 내 안에 존재한다는 뜻입니다.

결론부터 말하자면 미하엘과 한나의 만남은 치명적인 악연입니다. 우연히 만난 두 사람의 순수한 사랑이 왜 악연일까요? 일반적으로 운은 에너지의 흐름입니다. 사람끼리의 인연운이라 함은 바로 에너지의 주고받음이지요. 에너지의 특성상 강한 에너지가 약한 에너지 쪽으로 흐르게 됩니다. 두 사람이 서로 강렬하게 끌어당길수록 에너지는 불균형 상태에 빠져버립니다.

처음 두 사람의 인연은 정서적 유대나 소통의 즐거움과는 큰 관련이 없습니다. 이질적인 것에 대한 호기심, 온몸에서 끓어오르는 강렬한 성적 욕망이 이 인연을 끌어가는 원동력이었습니다. 남녀 간의 인연에서 첫 출발은 어느 정도 이러한 에너지를 주고받는답니다. 그러나 그것이 전부라 할 정도로 지나치게 강하다면 악연일 가능성이 높습니다. 무엇이든 과하지 않게 균형을 이루어야 좋은 법입니다. 두 사람의 성적 에너지만큼 마음이 강하게 연결되어 있지 않다면, 그 에너지는 파괴적인 힘으로 변모하니까요. 치명적인 사랑이 대부분 불행한 결말을 맞이하는 이유이기도 하고요.

착한 사람이 악연을 만나기 쉬운 이유

악연의 시작은 악마의 키스와 같답니다. 처음에는 순간적으로 육체적인 쾌락과 인생의 단맛을 선물하는 경우가 대부분이지요. 그러나 시간이 지날수록 스스로 정신 차릴 수 없는 상황으로 몰고 가거나, 아니면 비현실적인 사랑조차도 자신의 운명으로 받아들이고 체념 상태에 빠져듭니다. 결국 피할 수 없는 비극적인 사랑의 포로가 되어버리고 말지요.

그렇다면 악연을 만나는 사람들은 나쁜 사람들일까요? 답은 "절대 그렇지 않다!"입니다. 악연을 만나는 사람들은 대개 순수하고, 여리고, 연민이 많습니다. 정이 많아 타인의 감정을 내 것처럼 느끼는 등 자신의 마음을 나누려는 에너지도 강하지요.

그리고 상대방과의 관계에서 문제가 생겨도 자신의 책임으로 돌리면서 그 죄책감으로 인해 자신에게 상처를 남긴답니다. 이런 사람들은 자신에 대한 믿음과 자존감이 약하고, 내면의 자신에게 무조건적인 사랑을 베푸는 데도 서툰 경우가 대부분입니다. 결국 착한 사람이 악연을 만나기 쉬운 운명의 아이러니가 만들어진답니다.

착한 사람들이 악연으로 고통을 받는 것은 대부분 유년 시절에 잉태되는 욕망에 기인합니다. 어린 시절 사랑받고 인정받고 싶은 욕망이 부모의 엄격한 교육 때문에 좌절된 경험은 많은 사람들이 가지고 있습니다. '있는 그대로의 나'가 아니라 부모의 말을 잘 듣는 착한 아이가 되지 않으면 부모의 사랑을 받지 못한다는 생각이 무의식에 깊숙이 각인되지요. 여기에는 부모를 힘들게 하거나 슬프게 하고 싶지 않다는 배려심도 함께 담겨 있습니다. 바로 부모의 고통을 자신의 고통처럼 느끼는 기본적인 착한 인성이 있기 때문입니다.

인상; 해돋이. 클로드 모네, 1872년, 모네 마르모탕 미술관

화가의 집 창문으로 보이던, 프랑스 르아브르 앞바다의 풍경입니다. 푸르스름한 새벽, 이제 막
떠오르는 태양과 바다를 향하는 나룻배가 하루의 시작을 예고합니다.
당신에게 칠흑 같은 밤을 안겨주는 인연이 있고, 떠오르는 태양처럼 환한 아침을 가져다주는
인연이 있습니다. 당신이 어떤 인연을 만나는가에 따라 엇갈리는 인생이 펼쳐지겠지요.

그렇게 되면 본래의 모습을 숨긴 채 착한 아이로 연극을 하면서 살아갑니다. 그러고는 정해진 시기에 악연을 만나면 무의식 속에 숨겨져 있던 '나'가 모습을 드러냅니다. 그리고 악연과 운명(?)적인 조우를 하게 됩니다. 어린 시절 사랑받고 인정받고 싶었던 욕망을 악연을 통해 만족시키려 하지만, 결말은 비극을 준비하고 있을 뿐이랍니다.

악연을 예방하고 피하는 최선의 방법은 자기 자신과 좋은 관계를 맺는 것입니다. 자신을 사랑하고 존중하고 아끼는 자존감이야말로 악연을 피하는 지름길입니다.

운의 원리 – 나를 사랑하고 존중하는 자존감으로 악연을 피하라.

일어날 일은
일어날 것이다

행운과 불운을 받아들이는 마음가짐

크리스토퍼 놀란 감독이 연출한 영화 '인터스텔라'는 식량 위기에 처한 인류를 구원하기 위해 새로운 행성을 찾아 나서는 사람들의 이야기입니다. 현대 물리학의 양자역학과 시간 여행, 중성자역학, 블랙홀, 화이트홀 등 주요 과학 이론들을 토대로, 상상 속의 우주를 실감 나는 영상으로 보여주고 있습니다. 가족애와 인류애를 주제로 다룬 한 편의 아름다운 우주 드라마라고나 할까요.

'인터스텔라'가 우주의 이야기를 다룬 영화라면, 놀란 감독의 전작 '인셉션'은 인간의 꿈을 통해 무의식의 뿌리를 찾아가는 영화입니다. 인간의 무의식에 침투해 생각의 씨앗을 심어 무의식을 바꾸면, 그 사람의 생각이 바뀌고 현실까지 달라진다는 놀라운 상상력을 영화로 만들어 큰 성공을 거두었지요.

놀란 감독이 영화를 통해서 보여주는 우주의 세계와 무의식의 세계는 공통점이 무엇일까요? 바로 시작도 끝도 없는 세계라는 것입니다. 무한의 세상이지요. 그렇습니다. 운명학은 바로 이 무한의 세상을 움직이는 법칙을 인간을 통해 해석하고 읽어내는 것이랍니다. 우주를 움직이는 에너지와 법칙에서 한 치의 어긋남이 없는 게 인간의 존재이니까요.

영화 '인터스텔라'의 도입부에서 주인공 쿠퍼가 딸 머피에게 다음과 같은 얘기를 들려줍니다.

"일어날 일은 일어날 것이다(Whatever can happen, will happen)."

자신의 이름 때문에 '머피의 법칙'처럼 안 좋은 일이 계속 일어난다고 불평하는 딸을 달래며 위로하는 말입니다. 머피의 법칙이란 자신이 바라는 대로 이루어지는 게 아니라 일이 연속해서 안 좋은 쪽으로 흘러갈 때 흔히 쓰는 표현이지요. 영화에서는 아버지가 딸에게, 좋은 일이건 나쁜 일이건 일어난 일은 자연스럽게 받아들여야 한다는 뜻으로 들려준 말입니다.

그렇습니다. 하나의 사주를 해석해볼 때, 제가 사용하는 동서양 운명학의 7가지 기법 모두에 공통되게 나오는 사건은 반드시 일어납니다. 일어날 일이 일어나는 셈이지요. 결국 운명을 알고 활용한다는 것은 나쁜 일이 단 하나도 생기지 않게 한다는 뜻이 아니라 최소화한다는 의미입니다. 예컨대 재물이 빠져나가 손해를 보는 운수가 있을 때, 이를 미리 알고 잘 대비한다면 수천만 원가량의 손해를 수십만 원 정도로 줄이는 것이 가능합니다. 하지만 손해액을 0으로 만들기는 어렵습니다.

작은 일이라 하더라도 불운이 닥친다면 기분이 좋을 리야 없지요. 그래서 중요한 것이 '불운을 받아들이는 마음가짐'입니다. 같은 일도 어떻게 받아들이느냐에 따라 서로 다른 결과를 만들어냅니다. 결과를 어떻게 받아들이느냐에 따라 향후 인생의 진로가 달라지는 것이지요. 똑같은 물을 독사가 먹으면 독이 되고, 젖소가 먹으면 우유가 되는 것과 같은 이치랍니다.

때로는 행운을 만나고, 때로는 불운을 만날 뿐이다

장관급 고위직을 지낸 Y씨는 현직에 있을 때 인연을 맺어, 은퇴한 후에도 기회가 되면 종종 만나는 분입니다. 일흔을 훌쩍 넘긴 나이에도 세상 공부와 자기 수양을 게을리하지 않는 분이지요. 또래 세대가 대개 그렇듯 가난한 집안 7남매의 장남으로 태어나 열심히 공부한 덕에 고시에 패스한 수재입니다. 정권이 바뀌는 동안 몇 차례 고비는 있었지만 기다림의 자세로 마침내 사정기관의 수장이 되어 주위를 놀라게 했습니다.

"모든 사람이 자신의 인생에 행운만 가득하기를 바라지만 그런 인생은 없습니다. 인생이란 게 한 손에는 행운, 한 손에는 불운을 들고 먼 길을 가는 게 아닌가요? 살아가는 동안 때로는 행운을 만나고, 때로는 불운을 만날 뿐이지요. 그러니까 행운도 내게서 비롯된 것이고, 불운도 내게서 비롯된 것입니다. 지금도 제 마지막 기도는 시련을 견딜 수 있는 힘을 달라는 것입니다."

Y씨가 언젠가 제게 건넨 말입니다. 행운도 불운도 모두 자신의 삶의 일부로 받아들여야 한다는 의미겠지요. 많은 대화를 주

고받았지만 특히 마지막 구절이 인상적이었던 만남으로 기억하고 있습니다. 이러한 Y씨의 마음가짐이야말로 행운을 부르는 삶의 태도입니다. 시련을 견딜 수 있는 힘이 곧 행운을 끌어당기는 힘이니까요. 여기서 '시련'이라는 표현을 '불운'이라고 바꿔도 전혀 이상할 게 없습니다. 불운을 견뎌내면 행운이 찾아온다는 믿음은 언제나 삶의 진실이랍니다.

이처럼 자기에게 일어난 일은 모두 자신의 삶으로 수렴해야 합니다. 좋은 일이건 나쁜 일이건 일어날 일이 일어난 것이니까요. 이때 자신에게 일어난 일을 어떻게 대하느냐에 따라 행운과 불운이 엇갈리게 되지요. 물론 좋은 일이 생겼다면 기쁜 마음으로 받아들이면 되겠지요. 그리고 나쁜 일이 생겼다면 그 원인을 자기 안에서 찾아야 합니다. 이른바 자기반성이고 자기 성찰이 필요한 순간입니다. 영국의 작가이자 비평가인 윌리엄 하즈리트의 말을 떠올려보세요.

"행운은 위대한 스승이다. 불운은 더욱 위대한 스승이다."

아울러 한 가지라도 감사해야 할 일을 찾아 나서는 것이 중요합니다. 이것이야말로 시련을 견디게 하는 힘이자 자기 안에 행

187

추락하는 이카루스가 있는 풍경, 피테르 브뤼헬, 1560년경, 브뤼셀 왕립미술관

이카루스는 태양의 열기에 날개가 녹아 바다로 떨어지고, 농부는 아랑곳없이 쟁기질을 합니다. 어떤 재난에서도 태양은 빛나고, 또 사람들은 모두 바삐 자신의 길을 가지요.
일어날 일이 일어났을 때, 당신은 어떤 태도로 그것을 받아들이는가요? 일어난 일을 받아들이는 당신의 태도가 미래를 결정합니다.

운의 씨앗을 심는 일이지요. 힘든 시기에 뿌린 행운의 씨앗일수록 나중에 믿기 힘들 정도의 큰 열매로 돌아오게 된다는 것, 이것이 운명의 법칙입니다. 이런 때일수록 마음을 다잡기 힘들지만, 견뎌낸다면 그 이상의 보상이 당신을 기다리고 있습니다.

긴 어둠의 터널을 빠져나왔을 때 만나는 눈부신 햇살 같은 행운의 주인공은 바로 당신입니다.

운의 원리 – 행운도 내게서 비롯된 것이고, 불운도 내게서 비롯된 것이다.

5장
악연을
말한다

함부로
인연을 맺지 마라

진실은 진실된 사람에게만 투자해야 한다.

그래야 그것이 좋은 일로 결실을 맺는다.

아무에게나 진실을 투자하는 것은 위험한 일이다.

그것은 상대방에게 내가 쥔 화투패를 일방적으로 보여주는 것과

다름없는 어리석음이다.

우리는 인연을 맺음으로써 도움을 받기도 하지만

그에 못지않게 피해도 많이 당하는데 대부분의 피해는

진실 없는 사람에게 진실을 쏟아부은 대가로 받은 벌이다.

　법정 스님의 〈함부로 인연을 맺지 마라〉라는 글 가운데 중요한 대목만 간추려보았습니다. 사람 사이의 인연에 대한 깊이 있는 통찰입니다. 글의 내용처럼 자신의 진실을 아무에게나 투자하는 것은 참으로 현명하지 못한 일입니다. 귀한 마음은 귀한 인연에 쓰일 때 비로소 빛을 발하는 법이니까요. 귀한 마음을 악연에 쏟아붓는다면 회복할 수 없는 상처를 입어 영영 그 빛을 잃어버릴 수도 있답니다.
　좋은 인연은 당신에게 행운을 가져다주지만, 나쁜 인연은 당신을 불운에 빠뜨린다는 사실을 기억하세요. 선연으로 인해 내 안의 가능성이 깨어나고 많은 것을 얻게 되지만, 악연과 얽히게 되면 가지고 있던 것마저 모두 잃게 되기도 합니다.

나를 알고 상대를 아는 것이 행운의 시작이다

　30여 년간 동서양의 운명학을 연구하고 5만여 명의 운명과 갖가지 인연들을 살펴보면서, 저는 선연과 악연에 대해 몇 가지 중요한 사실을 발견하게 되었습니다.

첫째, 선연과 악연은 모두 인간의 근원적인 욕구에 맞닿아 있다는 것입니다.

현실에서 자신의 목표를 이루는 성취에 대한 욕구, 자신을 믿어주고 이끌어주는 사람을 만나고 싶은 욕구, 다른 사람들에게 좋은 이미지로 각인되고 싶은 욕구, 경쟁에서 이기고 싶은 욕구, 자기표현과 의사소통에 대한 욕구 등 대부분의 사람들이 가지고 있는 욕망이 여러 인연을 통해 표출되는 것이랍니다.

둘째, 선연과 악연은 때로 그 전개 과정에서 구분하기 힘들다는 것입니다.

선연이 악연의 모습으로 나타나기도 하고, 악연이 선연의 모습으로 보이기도 합니다. 기적을 만든 사제지간으로 유명한 헬렌 켈러와 앤 설리번 선생의 관계를 예로 들어볼까요?

헬렌 켈러와 설리번 선생은 처음에는 악연처럼 보였습니다. 부잣집에서 응석둥이로 자란 헬렌 켈러와 고아원에서 자란 설리번 선생은 잘 어울리지 못했으니까요. 고집이 세고 자기 마음대로 하려는 헬렌 켈러와 수없이 몸싸움을 벌이기도 했고, 심지어

식탁 위에 헬렌을 꽁꽁 묶어놓기도 했었답니다. 설리번 선생의 내면은 제자에 대한 사랑으로 가득 차 있었지만, 겉으로는 체벌로 학생과 갈등을 빚는 교사의 모습이었습니다. 그 유명한 '물 사건'이 있기까지는 말이지요.

셋째, 선연과 악연은 결과를 통해 모습을 드러냅니다.

선연과 악연은 천양지차라 할 정도로 종착점에서는 정반대의 결과를 얻게 됩니다. 위의 사례에서 두 사람의 관계는 앤의 헌신이 헬렌에게 영광으로 나타나는 전형적인 선연의 관계입니다. 반면에 학창 시절 예기치 않은 사고로 선생님과 갈등을 겪는 바람에 공부를 멀리했다가 인생을 망친 사람들도 있습니다. 이런 사람들은 공통적으로 "그때 그 선생님이 나를 용서해주었더라면 이런 인생을 살지 않았을 텐데"라며 악연에 대해 원망만 늘어놓을 뿐입니다.

자, 그렇다면 우리는 선연과 악연을 어떻게 구분할 수 있을까요? 이 근원적인 문제에 대해서 '나를 알고 상대를 아는 것이 행운의 시작이다'라는 지피지기의 지혜를 빌려 풀어가 보겠습니다.

앞으로 소개하는 5가지 인연의 종류는 제가 연구하거나 상담

안개바다 위의 방랑자, 카스파르 프리드리히, 1818년, 함부르크 미술관

위대하면서도 두려움의 대상인 자연과 그 자연을 대면하고 서 있는 인간의 모습이 삶과 죽음,
아름다움과 공포를 떠올리게 합니다.
작가인 프리드리히는 "자연과의 교감은 고독에서 이루어진다"라고 했지요. 고독이 두려워서
아무에게나 당신의 진실을 투자하지 마세요. 진실은 진실된 사람에게만 투자해야 합니다.

한 사람들의 인연운을 통계학적으로 해석하고, 유형별로 정리한 결과물입니다. 이 인연의 유형들을 통해 당신 안의 어떤 욕구가 어떤 인연을 만들어내는지, 선연과 악연이 도중에 어떤 모습으로 드러나는지, 각각의 결과물에는 어떤 차이가 있는지를 살펴보세요. 그 후 당신을 둘러싼 여러 인연들에 대한 평가의 시간을 가져보기를 권합니다.

운의 원리 – 선연과 악연은 모두 인간의 욕구와 맞닿아 있다.

"선생님, 이 사람 때문에 괴로워 죽겠습니다. 저를 못살게 하려고 태어난 것처럼 괴롭히네요. 지금까지 직장 생활을 하면서 이렇게 지독한 악연은 처음입니다. 전생에 무슨 철천지원수였나 봐요!"

A씨는 새로 만난 직장 상사 때문에 13년간 다닌 대기업을 그만두는 문제로 심각하게 고민 중이었습니다. 1년여 전에 새롭게 모시게 된 부장이 회사 내에서도 소문난 워커홀릭에다가 자신과 업무 스타일이 너무 달랐기 때문이었지요. 감당하기 힘들 정도로 엄청난 업무량을 주었고, 조금만 실수해도 철저하게 인사고

과에 반영했습니다. 한마디의 변명도 용납하지 않는 것은 물론이었지요. A씨는 정신적, 체력적, 업무적으로 한계 상황에 이르렀습니다. 그동안 많은 상사를 만나서 나름 능력 있는 사원으로 평판이 좋았는데, 하루아침에 무기력하고 무능력한 사원으로 몰락하는 느낌이었다고 합니다. 하루하루 출근길이 도살장에 끌려가는 소의 심정이었다고 하네요.

"그는 당신에게 귀인에 가깝습니다. 이 인연을 만난 덕분에 원래 가진 운보다 더 큰 행운을 누리게 될 겁니다. 옮기지 마세요. 이 인연은 인내만 하신다면 고진감래, 그 이상의 기쁨을 가져다준답니다. 이 시기를 잘 지내면 앞으로 12년간 직장에서 운이 상승하는 기반을 다지게 될 것입니다."

제 조언에 A씨는 처음에 자신의 귀를 의심했지요. 귀인이라는 답변은 생각지도 못했던 듯합니다. 사실 이미 절반쯤 이직을 결심한 상태였거든요. 그런데 자신을 괴롭히는 상사가 오히려 자신에게는 귀인이라니! 다행히 A씨는 망설임 끝에 조언을 받아들였습니다. 그리고 이를 악물고 인내하며 일에 몰두하여 상당한 업무 성과도 거두었습니다.

그 상사는 불황 속에서도 냉정하고 노련하게 일을 하여 상당한 성과를 냈고, 연말 인사이동에서 임원으로 승진했습니다. 그 부서의 2인자였던 A씨 역시 승진하면서 다른 부서로 이동하게 되었습니다. 전 상사 밑에서 한계를 경험하며 그의 업무 능력은 2년간 눈부시게 성장해 있었습니다. 게다가 변명을 하지 않은 탓에 '책임감 있다'라는 사내 평가가 덤으로 주어졌습니다.

A씨는 회사에게 야심 차게 기획한 프로젝트 팀의 리더로 선발되는 등 승승장구하게 되었지요. 게다가 다른 사람들이 잘 견디지 못하는 상사를 2년이나 모신 경험이 어려움을 이겨내는 데 큰 도움을 주었습니다. 그는 원래 그의 운이 가리키는 것보다 더 높은 곳을 향해 지금도 열심히 뛰고 있습니다. 이제는 회사에서 그 상사를 만나면 진심으로 감사한 마음에 깊이 고개를 숙여 인사를 한다고 합니다.

유산 분쟁이나 이혼 소송 때 악연이 형성

'유형 1'을 선연으로 만날 경우 당신이 점진적으로 성장할 수 있도록 울타리가 되어줍니다. 비록 당근보다는 채찍이 많아 견

봄, 장 프랑수아 밀레, 1868~1873년, 오르세 미술관

파릇파릇 돋아나는 초록의 잎들과 꽃이 만발한 나무들이 있는 풍경 속의 비와 무지개가 찬란
한 봄의 시작을 알립니다.
인내를 잘하는 사람이 선연을 만나면 고진감래의 눈부신 성취를 이루게 되지요. 혹독한 겨울
을 견디면 따사로운 봄은 반드시 오는 게 자연의 이치입니다.

며내기가 힘들지만 그 열매는 달지요. 이런 인연의 도움으로 당신은 눈부신 성취를 이룰 수 있고, 또 인내와 노력을 다하면 리더로 자리매김할 수 있습니다.

'유형 1'을 악연으로 만날 경우 그 파괴력이 상상을 초월합니다. 드라마에서 흔히 볼 수 있는 '독한 시어머니와 못된 시누이'를 합쳐놓았다고 생각할 수 있겠네요. 이런 악연은 실제로 당신의 삶을 망가뜨리려는 '악의'를 가지고 있습니다. 가족 간의 유산 분쟁이나 부부가 진흙탕 싸움을 하며 벌이는 이혼 소송에서, '유형 1'의 악연이 형성되어 있는 사례를 많이 보았습니다. 이런 악연과 엮이게 되면 성취를 이루어내게 하는 기반까지 파괴되어 버린답니다.

인내심이 많은 사람이 '유형 1'의 선연을 만나면 고진감래의 성취를 거두지만, 악연을 만나면 오히려 그 인내가 자신을 망치는 독으로 작용하기 때문이지요.

유형 1의 인연은 선연이든 악연이든 최소 2~3년에서 길게는 10~30여 년까지 가는 장기적인 인연입니다.

운의 원리 – 악연을 만나면 인내는 자신을 망치는 독으로 작용한다.

멘토를 원하는 욕구가 강할 때

26세의 여성인 K씨는 키 156센티미터에 몸무게 60킬로그램입니다. 예전에는 날씬한 편에 속했는데 직장에 다니면서 공무원 시험 준비를 하느라 몸 관리를 소홀히 한 탓에 갑자기 살이 쪘다고 하네요. 스트레스를 먹는 것으로 풀면서 다이어트와 요요 현상을 반복하니 살이 빠지기 어려웠던 게지요.

고민하던 K씨에게 평소 친하게 지내던 언니인 P씨가 접근을 해왔습니다. P씨는 다이어트를 위한 '기적의 알약'을 소개하며, 저녁 대신 먹으면 거짓말처럼 살이 빠질 거라고 큰소리를 쳤다고 하네요. 아침과 점심은 실컷 먹고도 한 달 만에 5킬로그램이

나 빠진다는 말에 가슴이 콩콩 뛰었습니다. 그동안 현미밥, 운동, 야채 위주의 식단으로 안 빠지는 살을 빼느라 얼마나 고생을 했는지요. 자신도 그렇게 감량했다며 예전 사진을 보여주는데 믿지 않을 수 없었습니다. 이제 드디어 지겨운 다이어트에서 벗어나 꿈에 그리던 '55 사이즈'의 원피스를 입을 수 있으리란 기대에 들뜬 마음이었습니다.

이렇게 쉽게 살을 빼는 방법이 있다니, 여태껏 고생한 자신이 어리석었다는 생각까지 들었습니다. K씨는 두 달 치 월급을 탈탈 털어 알약 세트를 구입했습니다. 그러나 결과는 K씨의 믿음과 기대를 한참 벗어나는 것이었습니다. 알약을 복용한 지 한 달이 지났지만 몸무게는 오히려 1킬로그램이 늘었고, 속도 항상 더부룩한 느낌이 들었습니다.

그래서 P씨를 찾아가 따졌지만 "체질에 따라 효과가 늦게 나타나는 사람이 있을 수 있다. 한 달만 더 복용하면 그때 한꺼번에 10킬로그램이 빠진다"라는 말에 오히려 설득당하고 말았습니다. 혹을 떼려다가 되레 혹을 더 붙인다는 식으로 알약을 한 달 치나 더 구입한 것이지요.

그렇게 그녀는 P씨의 꼬임에 넘어가 석 달간 많은 돈을 잃었고, 몸무게는 도리어 이전보다 늘어났으며, 약물 부작용으로 장

염까지 생겨 치료하느라 고생했습니다. 그러나 K씨를 괴롭힌 것은 물질적인 피해보다는 믿고 따르던 사람에게 당했다는 배신감이었습니다. 아는 사람의 말이라 쉽게 믿어버린 자신을 뒤늦게 자책했지만 소용없는 일이었지요. '사람을 못 믿겠다'는 마음의 상처로 그녀는 한동안 대인 기피 증상까지 보였다고 합니다.

좋은 멘토를 만나는 것은 최고의 행운이다

유형 2의 경우 전개 과정에서 선연과 악연의 구별이 어렵다는 특징을 가지고 있습니다. 선연과 악연 모두 미래에 대한 희망을 심어준다는 점에서 그러합니다. 악연의 경우에도 시간이 어느 정도 지난 다음에야 자신의 참모습을 드러낸답니다.

이 악연은 대개 오래 사귄 지인이나 믿고 따르던 사람과의 얽히고설킨 관계 등에 많습니다. 친한 친구에게 사기를 당하거나, 보증을 서서 피해를 입거나, 사이비종교에 빠져 헤어나지 못하는 경우가 대표적인 유형 2의 악연이라고 할 수 있습니다. 이런 악연으로 만나게 되는 사람은 대개 위선적이고, 융통성이 없으며, 맹목적일 정도로 강한 믿음을 요구하지요. 그 믿음이 깨지는 결말을 맞이했을 때, 결국 치유하기 힘들 정도로 깊은 상처를 남기게 되는 경우가 대부분이랍니다.

인간은 정신적 성숙에 대한 욕구, 의존 욕구, 지적 성장에 대한 욕구, 자아실현의 역할 모델을 원하는 욕구 등 갖가지 욕구로 인해 자신의 멘토가 되어줄 사람을 원하게 됩니다. 사실 선연으로 좋은 멘토를 만나는 것은 인연의 갖가지 모습 중에서도 최고의 행운으로 손꼽을 만큼 가치가 있는 일입니다. 이런 귀인과 함께하게 되면 자신 역시 세상에서 신뢰와 존경을 받는 사람으로 성장할 수 있으며, 위기가 닥쳐와도 평상심을 유지할 수 있을 만큼 강해지지요.

반면 유형 2의 악연으로 인한 상처는 5가지 유형 중 가장 깊습니다. 상처를 치유하는 그리고 이러한 악연에 걸려들지 않도록 예방하는 최선의 방법은 우선 자기 자신에 대한 믿음을 가지는 것입니다. 다음과 같은 에리히 프롬의 말은 이 같은 자기 믿음의 중요성을 일깨워줍니다.

"자신을 신뢰할 수 있는 사람만이 타인을 신뢰할 수 있다. 왜냐하면 오직 그러한 사람이야말로 미래의 자신을 현재의 자신과 마찬가

폴리네시아; 하늘, 앙리 마티스, 1946년, 조르주 퐁피두센터

마치 새들과 함께 하늘을 나는 자유로움을 느낄 수 있습니다. 파란 하늘과 하얀 새의 조화로움
은 믿음과 마음의 평온을 가져다주지요.
자신을 신뢰할 수 있는 사람만이 타인을 신뢰할 수 있습니다. 서로 믿을 수 있어야 함께 세상을
날아갈 수 있지요.

지로 믿을 수 있으며, 자신이 현재 바라고 있는 대로 느끼고 행동할 것이기 때문이다. 자기 자신을 신뢰한다는 것은 약속할 수 있는 능력의 조건이다."

유형 2의 인연도 7~10년으로 비교적 장기간에 걸쳐 형성된 관계가 많습니다.

운의 원리 - 자신을 신뢰하는 사람만이 타인을 신뢰할 수 있다.

이기고 싶은 욕구가 강할 때

"선생님, 이 사람과 어떻게 하면 잘 지낼 수 있을까요?"

오너 체제로 경영하는 대기업의 임원으로 승진한 K씨가 상담을 요청했습니다. 회사 내에서 업무상 파트너이기도 한 P씨와 인간관계를 어떻게 가져가야 하는지에 대해 골머리를 앓고 있었습니다. 공채로 입사한 K씨는 회사 내에서 여러 부서를 거친 상품 기획 책임자였고, 스카웃으로 입사한 P씨는 마케팅 전문가였습니다. 그런데 평소 동료 부장으로 지냈던 P씨가 경쟁 업체를 제치고 국내에 진출한 외국계 유통업체와 독점 계약을 따낸 공로를 인정받아 1년 먼저 상무 자리에 올랐습니다. 그 후로 K씨는 자신을 아랫사람 대하듯 하는 P씨에게 호감을 가지기 어려워졌고, 그의 공격적인 업무 태도마저 못마땅해 보였습니다. 그리고 이제 자신도 임원이 된 마당에 새로운 관계 설정이 필요한 시점이었습니다.

"그분과 잘 지내는 방법은 경쟁해서 이기는 것입니다."

"네? 아니, 그게 무슨 말씀인가요? 업무적으로 협조를 해도 시원찮을 판에 싸워서 이기라니요? 이 사람이 지고서 가만히 있을까요?"

"대화와 타협을 통해 원원의 관계를 이룰 수 있다면 좋겠습니다만 이는 드문 경우이지요. 오히려 승패가 분명한, 즉 우열이 가려진 후에 안정적인 관계를 유지하는 인연이 더 많습니다. 그분과의 인연이 그렇습니다. 10주 이내로 업무상 경합할 일이 생기실 터이니 마음의 준비를 단단히 하세요. 지금 운이 상승기에 있으시니 충분히 경합에서 승리하실 수 있습니다. 이는 회사 내에서도 상당한 업적을 만들 기회로 이어진답니다."

"허허, 그 사람과는 악연이란 말씀이군요."

"아닙니다. 귀인입니다. 이번 일을 잘 해내신다는 전제하에 말씀

드리자면, 일단 서열이 정해진 뒤에는 두 분 모두 원원하는 결과를 만들어낼 겁니다. 서로에게 귀인이 되는 인연이지요."

2개월 뒤, 회사 차원에서 상품 기획 파트와 마케팅 파트에 각각 신사업 진출을 위한 프로젝트를 준비하라는 지시가 떨어졌습니다. 자신의 임원 승진이 신사업 진출과 관련이 있다고 판단한 K씨는 회사 내 인맥을 총동원해 차근차근 준비를 했습니다. 특히 입사 동기인 재무팀 책임자의 도움을 받아 회사의 자금 사정에 맞춘 사업계획서를 준비한 게 오너의 마음을 사로잡았다고 하네요. 결국 K씨의 안이 선택되었고, 자기보다 뛰어난 안을 만들어낸 K씨의 능력과 사내 인맥을 인정한 P씨는 먼저 손을 내밀 수밖에 없었습니다. 함께 술자리를 하면서 흉금을 터놓고 화해의 손을 잡은 두 사람은 이후 서로에게 좋은 경쟁자이자 동료로 지내고 있다고 합니다.

괴테는 "나는 사람이다. 그것은 경쟁하는 존재라는 것을 뜻한다"라는 말을 남겼습니다. 경쟁하는 관계에서 선택지는 승자와 패자 둘 중 하나뿐입니다. 동물의 세계에서도 생존 방식은 싸워 이기거나 도망치거나 둘 중의 하나입니다. 승자와 패자라는 이분법적 잣대만이 적용되지요. 그리고 인간은 잉태되는 과정부터 생존경쟁을 경험하기 때문에 본능적으로 승자가 되고 싶은 욕구가 존재합니다.

경쟁을 통해 우열을 가려야 하는 관계

유형 3의 인연은 경쟁을 통해 우열을 가려야 하는 관계입니다. 상하 관계가 명확하지 않으면 쉽게 타협하지 않는 특징을 보여준답니다. 선연일 경우, 말 그대로 선의의 경쟁자가 됩니다. 서로 경쟁하는 동안 좋은 자극을 통해 일에 대한 열정과 추진력을 끌어올려 주지요. 그리고 치열한 경쟁을 통해 우열이 가려지고 나면, 서로를 인정하고 대화와 타협의 손길을 내밀어 협력자로서 새로운 발전을 도모하게 됩니다. 이런 선연은 주로 스포츠와 비즈니스 분야에서 많이 볼 수 있는 유형입니다.

그러나 악연으로 만날 경우 '너 죽고 나 살자'는 막무가내 경쟁을 멈추지 않습니다. 서로에게 난폭하기까지 한 모습을 보이고, 상대방의 호의조차 부정적으로 해석하며, 인신공격과 협잡이 난무하기도 합니다. 설사 우열이 가려진다 해도 서로 인정하지 못한 채 신체적 상해를 입히거나 법적인 소송으로까지 이어지는

대금업자와 그의 아내, 쿠엔틴 마시스, 1514년, 루브르 박물관

탁자 위에서 남편은 금화를 저울에 열심히 달고 있고, 부인은 옆에서 돈을 무심히 바라보고 있습니다. '저울은 정확하고 무게는 같아야 하리라'라는 구약성서 레위기의 글귀가 이 그림에는 있었다고 합니다.

운이 좋은 시기에는 노력에 비해 보상이 더 크답니다. 물론 운이 좋지 않은 시기에는 그 반대가 되겠지요. 지금, 당신의 저울은 어떤 상태인가요?

일도 비일비재하지요. 이런 악연을 만난다면 미리 피하는 것이 상책이지만, 경쟁을 피할 수 없다면 이기는 수밖에 없습니다.

다행히 유형 3의 악연은 다른 유형의 악연과 함께 얽혀 있지 않는 한 뒤끝이 없으며, 장기적인 후환 및 구설도 불러일으키지 않습니다.

유형 3의 인연은 유효 기간이 1년 반~3년 사이로 그리 길지 않다는 특징을 보여줍니다.

운의 원리 – 선연은 경쟁을 통해 선의의 경쟁자가 된다.

인정받고 싶은 욕구가 강할 때

"오늘 임원급 면접을 마쳤습니다. 이 사람을 영업이사로 뽑으려 하는데 조언을 부탁드립니다. 저는 물론이고 회사와도 좋은 인연이 되겠는지 좀 봐주세요."

전자제품 중견기업의 오너인 L씨는 영업 파트의 임원을 구하느라 애를 먹고 있었습니다. 자신이 제품 개발 전문가인지라 회사의 영업을 전적으로 믿고 맡길 수 있는 사람을 찾는데, 모래밭에서 진주 발견하기만큼이나 어렵다며 힘들어했지요. 그러던 어느 날 제게 C씨의 생년월일을 보내며 인사 상담을 요청한 것이었습니다.

"이분은 대표님과 함께 일할 사람이 아닙니다. 특히 회사의 얼굴로 다른 사람들을 만나는 영업직으로서는 더더욱 안 될 말입니다. 물론 업무 능력이야 대표님 마음에 드실 만한 이유가 있지요. 영업 전문가답게 언변 좋고 친화력 뛰어나고 술도 잘 마시니까 나무랄 데가 없습니다. 그리고 머리 회전도 빠른 편입니다."

"네, 제 느낌과 거의 비슷하네요. 그런데 뭐가 문제가 될까요?"

"한마디로 대표님 얼굴에 먹칠을 하는 인연입니다. 회사를 자주 옮겨 다니는 동안 자기중심적인 사고방식이 몸에 밴 사람입니다. 게다가 업무 능력만큼이나 과시욕이 강한 성격입니다. 때문에 고의적이지는 않지만 대표님과 회사의 이미지를 크게 손상시키는 말을 자주 하게 될 겁니다. 자기를 내세우기 위해 남을 깎아내리는 스타일이지요. 대표님과 회사 내부에 대한 이야기가 업계에 소문으로 나돌면서 결국 회사 브랜드의 이미지 실추로 이어질 가능성이 높답니다. 아마 벌써 업계에는 입사가 결정됐다는 소문이 나돌고 있을지도 모르지만, 좋은 말로 거절하시는 게 대표님과 회사 장래에 도움이 될 겁니다."

입사를 확신했던 C씨는 자신이 면접한 사실을 이미 관련 업계 동료들에게 이야기해둔 상태였습니다. 그 과정에서 의도치 않게 L씨에 대해 부정적인 이야기를 흘리게 되었습니다. 이 이야기가 업계에 소문으로 떠돌면서 결국 L씨 회사 직원의 귀에까지 들어오게 되었다고 하네요. 나중에 L씨는 부하 직원으로부터 자신과 회사에 대한 좋지 않은 소문의 진상을 듣게 되었답니다. C씨를 뽑지 않은 게 천만다행이라며 가슴을 쓸어내렸음은 물론입니다.

일반적으로 사람들은 살아가면서 좋은 평판을 얻거나 유지하려고 노력하게 됩니다. 이는 인간에게 '사랑받고 싶다'는 본능적인 욕구가 있기 때문입니다. 우리 대부분은 어린 시절 자신의 좋지 않은 모습을 드러냈을 때 거부당하거나 체벌을 받는 등 사랑을 받지 못한 경험이 있습니다. 이런 쓰라린 경험으로 인해 단점을 숨기고 좋은 모습만 부각할 때 사랑받을 수 있다는 신념을 가지게 되었지요. 게다가 자라나면서 비록 그것이 자신의 참모습이 아니라 할지라도 좋은 이미지를 가지게 되면 타인에게 사랑받을 뿐 아니라, 이로 인해 사회적으로 많은 이득을 취할 수 있다는 것까지 배우게 되었습니다.

특히 대중을 상대로 하는 정치인과 연예인, 기타 공인이라 부를 만한 인기인들의 경우는 좋은 이미지를 만들기 위해 사활을 걸다시피 합니다. 그들의 이미지는 즉각 경제적 이해득실로 반영되기 때문이지요. 그러나 아무리 좋은 이미지를 갖고 있다 하더라도 스캔들 하나로 하루아침에 물거품이 되는 게 세상살이의 냉정함이지요.

추한 이미지를 갖고 싶은 사람은 아무도 없습니다. 누구나 거울 속에서 자신의 아름다운 모습을 보고 싶어 합니다. 그렇다면 당신은 남들에게 어떤 사람으로 묘사되기를 원하나요? 예를 들어 당신에 대한 기사가 신문 한 면에 가득 실렸다고 가정해보겠습니다. 당신이 바라는 기사의 제목은 무엇입니까? 능력이 뛰어나고 카리스마가 넘치는 인물, 지적이고 신뢰감을 주는 인물, 부유하고 품위가 있는 인물, 예쁘고 사랑스러운 인물 등등 각자가 남에게 보여주고 싶은 이미지만 떠올릴 겁니다.

장점을 부각하는 선연, 단점을 드러내는 악연

이처럼 남에게 드러내고 싶은 이미지의 공통점은 모두 호감을 불러일으킨다는 것입니다. 그리고 사실 당신에게 결점이나 약점이 없는 것은 아니지만, 가능하면 남에게 드러나지 않도록 감추고 싶다는 욕구도 가지고 있습니다. 아무리 예쁘고 잘난 사람이라도 드러내고 싶은 장점 못지않게 비호감의 원인이 될 만한 약점도 반드시 가지고 있게 마련이니까요.

유형 4의 인연에서 선연과 악연이 엇갈리는 지점이 바로 이곳입니다. 선연은 당신의 장점을 부각하고 좋은 이미지를 형성하도록 도와주지만, 악연은 당신의 약점을 드러내고 이미지를 실추시키는 일을 서슴지 않는다는 차이가 있습니다. 선연일 경우 때로 자신이 가지고 있지 않은 좋은 이미지까지 얻게 되지만, 반대로 악연일 경우 악의적인 평판을 더하게 되는 방식으로 엇갈리는 길을 걷게 됩니다.

예를 들어 부부의 경우 선연이라면 결혼 후에 주위 사람들로부터 "이렇게 괜찮은 사람인 줄 몰랐다. 결혼하니까 더 빛이 난다. 이런 매력까지 있었네!"라는 호의적인 평가가 줄지어 계속되지요. 반면 악연으로 만날 경우 부부 싸움이나 이혼 소송을 통해 감추고 싶은 부분이 과장되게 알려지면서 세상 사람들에게 손가락질의 대상으로 전락하기도 한답니다.

사실 인간은 사회적 존재이기에, '내가 나를 어떻게 보는가?'라는 것만큼이나 '남이 나를 어떻게 보는가?'라는 문제도 중요합니다. 한 개인의 이미지라는 것의 실체는 이런 두 가지 시선의

수련, 클로드 모네, 1916~1919년, 모네 마르모탕 미술관

모네는 신비한 지베르니 정원에 자신의 모든 것을 쏟았습니다. 정원의 수련들은 점점 눈이 멀어가던 모네의 삶에 대한 열망처럼 더욱 환하게 피어났습니다.

인생길에서 만나게 되는 선연은 당신의 장점을 부각하고 성장할 수 있도록 돕고, 또 좋은 이미지를 형성하도록 앞을 밝혀주지요. 악연은 그 정반대랍니다.

총합이라고 해도 과언이 아닐 것입니다.

좋은 이미지로 행운을 불러들이기 위해서는 당신 스스로 완벽하지 않다는 사실을 인정하는 것이 중요합니다. 그리고 감추고 싶은 단점까지도 자신의 일부임을 받아들여야 합니다. 있는 그대로의 모습으로도 충분히 사랑받을 수 있다는 자존감을 가지는 것이야말로 악연을 피하고 선연을 만날 수 있는 가장 좋은 방법입니다.

유형 4의 인연은 유효 기간이 보통 1~3개월, 길어도 1년을 넘기지 않습니다.

운의 원리-선연은 장점을 부각해주지만, 악연은 단점을 드러낸다.

"지금 동업을 하고 있는데 회사 장래에 대해 이런저런 고민이 많습니다. 현재 동업자랑 끝까지 함께 갈 수 있을까요? 그렇지 않다면 언제 헤어지는 게 서로에게 가장 바람직할까요? 지금 회사를 경영하는 데 있어 당장은 특별한 문제가 없습니다."

W씨는 중견기업에 근무하다가 같은 부서의 동료와 의기투합해서 창업을 한 경우입니다. 사업 아이템이 좋아 회사는 순조롭게 성장하고 있다고 합니다. 창업한 지 3년이 지났지만 회사가 한창 성장하는 시기여서인지 지금까지 의견 충돌을 비롯해 특별

한 문제는 없었다는 얘기입니다.

"두 분은 지향하는 바가 같으시고 상대방의 능력에 대한 믿음도 있습니다. 그런데 서로 소통이 잘되지는 않네요. 지금 아무 문제가 없다는 것은 대표님만의 생각이고, 동업자분은 정리하겠다는 생각을 굳히고 있을 겁니다.

이대로 올해 0월 00일을 넘기면 돌이킬 수 없는 문제들이 생기니까, 그 전에 흉금을 터놓고 대화할 수 있는 기회를 마련하세요. 서로의 마음을 완전히 알거나 이해하기는 힘들겠지만, 적어도 나쁜 관계로 끝나지는 않을 겁니다. 단, 가능하다면 녹음을 하시고, 그 자리에서 결정된 사항들은 모두 즉시 구체적인 표현으로 문서화해서 공유하세요."

W씨는 반신반의하면서도 그대로 따랐습니다. 사실 그동안 회사의 모든 게 잘 돌아간다고 생각했기 때문에, 뭔가 문제가 있다는 사실을 받아들이기 힘들어했지요. 하지만 마다할 이유도 없었기에 마음을 터놓고 이야기하는 자리를 마련했습니다. 그리고 대화하는 동안 동업자가 몇 건의 오해로 W씨에게 큰 불만을 가지고 있었다는 사실을 알게 되었습니다. 몇 건이 겹쳐 있었기에

오래 묵은 감정까지 모두 풀리기는 힘들었지요. 그러나 회사 경영에 대한 오해는 대부분 해소되었습니다.

두 사람은 너무 늦지 않은 시기에 서로의 마음을 알았기에 악수하며 헤어질 수 있었습니다. 회사를 정리하고 나누는 과정에서도 큰 분란으로 이어질 사건이 있었지만, 대화 당시 문서로 남긴 합의 사항 덕분에 잘 마무리되었다고 합니다.

사람과의 인연에서 대화와 소통의 중요성은 아무리 강조해도 지나치지 않습니다. 물론 이심전심이라는 말처럼 마음으로 통하는 사이가 있는가 하면, 말을 하면 할수록 불신의 폭을 키워가는 사이도 있습니다. 서로 사고방식과 가치관이 다르고, 또 성장한 가정과 사회적 배경이 다르기에, 같은 말을 두고도 달리 받아들이는 경우는 비일비재하지요. 심지어 문서화한 계약서조차도 나중에 아전인수로 해석해 법정 분쟁으로 이어지는 경우도 비즈니스 세계에서는 흔한 일이 되어버렸습니다.

비즈니스 세계뿐만 아니라 일상생활에서도 대화와 소통은 인연을 한 단계 '성장'시키고, 창조적인 생산물을 만들어내는 데 중요한 역할을 합니다. 언어적이든 비언어적이든 의사소통을 위한 노력은 인간관계를 개선시키는 보약과도 같습니다. 유형 5의 선연은 가치관이나 사고방식이 비슷한 경우가 많습니다. 따라서

침묵, 오딜롱 르동, 1900년, 뉴욕 현대미술관

사람은 자신 안에 있는 어두운 기억들과 두려움, 불안에 대해 자각하지 못하거나, 알아채더라
도 스스로 침묵합니다. 그리고 그것은 악연을 불러오는 결과를 낳습니다.

일상생활에서 대화와 소통은 사람의 인연을 한 단계 성장시킬 뿐만 아니라 창조적인 결과물을
만들어내는 데 중요한 역할을 한답니다.

문제가 생기더라도 대화를 통해 서로 이해의 폭을 넓히면서 최적의 합의점을 찾을 수 있는 관계이지요. 그리고 시간이 흐르면서 점점 더 인연이 깊어지고 성장하는 기쁨을 누리게 된답니다.

반면 유형 5의 악연은 세 치 혀로 세상을 호도하는 교활한 정치가와 국민 간의 관계와 같습니다. 국가나 지역 사회의 이익은 뒷전이고 개인의 영달과 탐욕을 위해 대화와 소통을 이용할 뿐입니다. 일반인들도 악연의 경우에는 대화를 빙자해 호언장담과 거짓말을 일삼다가, 인연의 성장은커녕 되레 실망감과 배신감을 더 키우는 결과를 초래하게 됩니다. 상대의 말꼬투리를 빌미로 삼아 서로를 향해 허풍쟁이, 거짓말쟁이라고 손가락질하게 되니까요. 회사 내에 분파를 만들어 정치적으로 작동하는 조직에서 흔히 볼 수 있는 인간관계입니다.

다만 이 유형의 경우 서로의 노력이 있다면 악연을 선연으로 변화시킬 가능성이 가장 크다는 점을 강조하고 싶습니다. 이해관계의 문제가 해결된다면 인간관계도 함께 좋아지기 때문입니다. 유형 5의 인연은 유효 기간이 짧게는 3개월, 길게는 3~4년입니다.

운의 원리 – 대화와 소통을 통해 성장하고 인간관계를 개선한다.

운, 준비하는 미래

초판 1쇄 인쇄 | 2015년 8월 25일
초판 1쇄 발행 | 2015년 8월 27일
초판 10쇄 발행 | 2024년 10월 2일

지은이 | 이서윤
펴낸이 | 황보태수
기획 | 박금희
마케팅 | 유인철
디자인 | 여상우
인쇄·제본 | 한영문화사

펴낸곳 | 이다미디어
주소 | 경기도 고양시 일산동구 강석로 145, 2층 3호
전화 | 02-3142-9612
팩스 | 070-7547-5181
이메일 | idamedia77@hanmail.net

ISBN 978-89-94597-51-5 03190